문예신서
103

나, 너, 우리
差異의 文化를 위하여

뤼스 이리가라이

박정오 옮김

東 文 選

JE, TU, NOUS
Pour une culture de la différence
by Luce Irigaray

목 차

나, 너, 우리

개인적인 기록

동등한가, 다른가?

《제2의 성》을 읽지 않은 여자가 있는가? 그 책을 읽고 분발하지 않은 여자가 있을까? 그 결과, 아마도 페미니스트가 되지는 않았을까? 시몬 드 보부아르는 우리에게 여성 착취의 중요성을 상기시키고, 다행히 그녀의 책을 읽게 된 모든 여성들에게 혼자라는 외로움을 덜어 주고, 더욱 자신을 갖고 억압당하거나 속지 않도록 격려한 진정 이 시대 최초의 여성 가운데 한 사람이었다.

그러면 시몬 드 보부아르가 한 일은 과연 무엇이었나? 그녀는 과학적인 정보의 뒷받침으로 그 자신의 삶을 설명했다. 그녀는 삶의 모든 단계를 용기를 갖고 자세히 이야기하는 것을 결코 멈추지 않았다. 이렇게 하는 과정에서 그녀는 많은 여성들 —— 그리고 남성들? —— 이 좀더 성적으로 자유로워지도록 도왔는데, 특히 그들에게 여성으로서, 선생으로서, 작가로서, 그리고 부부로서의 삶에 대한 그 당시 받아들일 수 있는 사회·문화적인 역할 모범을 제시하는 방법을 통해서였다. 그녀는 또한 그들이 삶의 다른 순간들과 관련지어 좀더 객관적으로 자신들의 위치를 파악할 수 있도록 도왔다고 생각한다.

시몬 드 보부아르는 그 이상의 일을 하였다. 사회 정의에 대한 관심은 그녀가 페미니스트들의 행동과 삶을 지지하는 데 기여하는 한 요인이었다. 보부아르는 그들의 탄원서에 서명하고, 그들의 활동에 참여하고, 잡지 《현대》에 그들을 위한 컬럼란을 마련해 주고, 그들 책의 서문을 써 주고, TV 프로에 참여하는 등 그들의 친구가 되어 줌으로써 그들이 사회에서 인정을 얻도록 도왔다.

심리분석의 시대

나는 《제2의 성》을 읽었지만, 시몬 드 보부아르에게 전혀 가까워지지 않았다. 왜? 세대 차이 때문이었을까? 단지 그 때문만은 아니었다. 그녀는 젊은 여자들과도 잘 어울렸다. 그 점은 문제가 아니었으며, 여하튼 그 때문만은 아니었다. 우리 서로의 입장간에는 우정과 상호 협조가 계속되는 한 극복될 수 있기를 바랐던 중대한 차이점들이 있다. 그런데 사실상 이 차이점들은 극복되지 않았다. 그녀에게 나는 마치 언니에게 하듯이 직접 서명을 한 나의 책인 《스페쿨룸》을 보냈는데, 그녀는 아무런 답을 해 주지 않았다. 이 일로 인해 섭섭했음을 인정하지 않을 수 없다. 이 책으로 인해 부딪치게 된 학문적·제도적인 문제들에 도움을 줄 수 있는 그녀가 선배로서 주의 깊게 뛰어난 이해력으로 이 책을 읽어 주기를 기대하고 있었다. 불행히도 이러한 일은 일어나지 않았다. 그녀가 행한 유일한 행동은, 자신이 노년에 관한 글을 쓸 때 내게 《미친 자들의 언어》[1]에 관해 어떤 정보를 물어온 것이 전부였다. 여성 해방에 관해서는 우리 사이에 아무런 말도 오가지 않았다.

함께 일할 수 있고 진정으로 힘을 합해야 하는 두 여성간에 이러한 거리가 생긴 것을 어떻게 이해해야 할까? 예를 들어 미국의 페미니스트들에게는 친숙하지만 시몬 드 보부아르는 알지 못하는, 그래서 이해할 수 없는 학술기관과 내가 문제가 생겼다는 사실 외에도 그녀의 침묵에는 몇몇 다른 이유가 있었다. 시몬 드 보부아르와 장 폴 사르트르는 항상 심리분석을 경계했다. 나는 심리분석가로 훈련받았고, 이 점은 정체성正體性을 성적인 것으로 이론화하는 데 있어서 중요하다. 또한 나의 철학적 배경에는 의식과 역사의 발달을 이해하는 데 있어서, 특히 그들을 성적 결정론과 관련하여 해석하는 데 있어서 심리분석이 한단계를 차지하고 있다.

이러한 분야에서 교육을 받았다는 것은, 여성 해방에 대한 내 생각이 단순히 두 성간의 평등을 추구하는 것을 넘어섬을 의미한다. 물론 그렇다고 내가 여성들이 이러저러한 권리를 얻도록 시위를 권장하고 참여하는 데 소극적인 것은 아니다. 피임·낙태를 할 권리, 공적으로 혹은 가정 내에서 폭력이 행사될 경우 법적 도움을 받을 권리, 표현의 자유에 대한 권리 등, 이러한 시위들은 비록 차이에 대한 권리를 의미하더라도 일반적으로는 페미니스트들에 의해 지지되었다.[2]

그러나 이러한 투쟁이 단순히 요구하는 데에만 그치지 않고 법조문화된 성에 따른 대등한 (그러나 본질상으로는 다를 수밖에 없는) 권리로 이끌기 위해서는, 여성들 —— 그리고 부부들 역시 —— 이 또 다른 자아를 따를 수 있도록 허용되어야 한다. 단지 어머니로서가 아닌 여성으로서의 가치를 발견할 때, 비로소 여성들은 이러한 권리들을 누릴 수 있게 된다. 이것은 다시 말해 재고되고 변형되어야 할 수세기 동안 계속된 사회·문화적인 가치들이 존재함을 의미한다. 그리고 그것은 우리 안에 내재해 있다.

여성 —— 동등한가, 다른가?

여성으로서 평등을 주장하는 것은 내게는 진정한 반대의 잘못된 표현처럼 보인다. 평등을 요구하는 것은 비교 대상을 전제로 한다. 누구에게,

또는 무엇에 대해 여자들이 동등해지기를 원하는가? 남자에게? 봉급에서? 공공기관에서? 도대체 어떤 기준에 대해? 왜 여성들 스스로에 대해서는 안 되는가?

평등의 요구에 대해 좀더 엄밀히 분석해 보면, 피상적인 문화비평의 차원에서는 이러한 요구들의 근거가 충분하지만, 여성을 해방시키는 수단으로서는 유토피아적이다. 여성의 착취는 성차별에 기초하고 있으므로, 그 해결책은 성차별을 통해서만 가능할 것이다. 현대의 일부 성향들, 그리고 우리 시대의 몇몇 페미니스트들은 성이 중성화되도록 귀에 거슬리는 요구를 하고 있다. 만약 그것이 가능하다면 이러한 중성화는 인류의 종말을 의미하게 될 것이다. 인간 종족은 생산과 재생산을 책임지는 두 성으로 나뉜다. 성의 차이를 제거하기 원하는 것은, 이제까지 역사에 있었던 그 어떤 형태의 파괴보다 더 과격한 계획적 대량 학살을 요구하는 것이다. 오히려 중요한 것은 남녀 양성에 각기 정당한 각 성에 속한 가치들을 정의하는 것이다. 양성을 각기 존중하면서 성의 문화를 아직은 존재하지 않지만 앞으로 공들여 만드는 것이 급선무이다. 역사상으로 여성 지배의 시대, 모권제, 가부장제, 남근 지배의 시대간의 괴리 때문에 현대 문화에서 성적으로 자리매김하는 방식은 성별화된 성보다는 세대와 연관된다. 이것은 다시 말해, 가족 내에서 여성은 어머니, 남성은 아버지가 되어야 하는데, 그러나 우리는 같은 세대의 양성 모두 단순히 생식적인 것을 넘어 창조적인 부부관계를 형성할 수 있도록 하는 긍정적 윤리관이 결여되었다는 것이다. 이러한 가치관을 창조하고 승인하는 데 있어서 주된 장애물 가운데 하나는, 수세기 동안 우리 문명을 지배해 온 가부장적·남근 지배적인 모델들의 다소간 모호한 영향력이다. 여성의 성욕에 문화적 가치를 두거나 돌려 줌으로써 한 성이 다른 한 성에 대해 갖는 일방적인 이 힘에 균형을 부여하는 것은 순전히 사회 정의의 문제이다. 이 문제의 핵심은 《제2의 성》이 쓰여진 때보다 오늘날 더 명확하다.

이 단계를 회피한다면 페미니즘은 여성의 파괴, 좀더 광범위하게는 모든 문화적인 가치의 파괴를 초래하게 될지도 모른다. 사실, 평등주의는 때때로 긍정적 가치관을 부인하고 아무것도 얻을 수 없는 곳을 향해 달리는 데 많은 힘을 허비한다. 그 결과, 여성 해방운동의 주기적 후퇴와 위기 그리고 실망이 생겨나게 되고, 역사에 항구적인 표시를 남기지 못한다. 남녀의 평등은 성별화된 성이론 없이는, 그리고 사회적 권리와 의무 안에서 다른 존재로서 각각의 성에 따른 권리와 의무를 다시 쓰지 않고서는 얻어질 수 없다.

사람들은 그들이 처음으로 환원될 수 없는 분할을 한 것이 두 성으로 나눈 것이라는 사실을 깨닫지 못한 채, 끊임없이 이차적이나 살인적인 경쟁상태로 자신들을 나눈다. 이런 점에서 우리는 여전히 문화적으로 유아기에 머물러 있다. 여성들의 투쟁, 여성들의 사회 조직망을 위해서, 그리고 무엇보다 여성 개개인을 위해서 그들에게 닥친 문제의 의미를 파악하는 것은 중요하다. 문제는 삶과 문화에 대한 관점과 관련되며, 문화적인 것 안에서의 자연적인 것, 자연적인 것 안에서의 정신적인 것으로 이어지는 지속적인 이행과 관계를 갖는다. 여성들의 책임과 기회는 세계의 발전 단계와 연관되어야 한다. 결코 변화를 겪고 있고, 그 안에서의 삶 자체가 여러 면에서 위기에 처해 있는 이 세계에서의 비교적 분명하고 부정적인 경쟁과 관련되어서는 안 된다.

시몬 드 보부아르를 존경한다는 것은, 그녀가 자기 나름대로 실천했던 사회 정의를 위한 이론 및 실제적 작업을 따르는 것이다. 이것은 또한 그녀가 많은 남녀를 위해 열었던 자유로운 지평을 유지하는 것이다. 이 지평에 대한 영감의 일부를 그녀는 시골길 등의 자연 속에서 오래 때로는 고독하게 산책하는 동안 얻게 되었다. 이 주제에 대한 그녀의 관심과 글은 잊혀질 수 없는 메시지라고 생각한다.

1) 무통 출판사(Éditions Mouton), La Haye, 1973.
2) 나의 입장은 그럼에도 불구하고 법률적으로 훨씬 급진적이다(제10장 〈왜 성별화된 권리를 정의하는가?〉 참조).

1
여성 족보의 무시

성별화된 정체성의 문제는 우리 시대의 가장 중요한 문제 가운데 하나이다. 나의 견해로는 이것의 다양한 이유들 때문에 가장 중요하게 생각된다.

1. 성의 차이는 인간 종족의 보존을 위해 필요한데, 단순히 출산의 장을 형성하는 것뿐만 아니라 여기서 삶의 재생이 이루어지기 때문이다. 남녀 양성은 모든 생식의 문제를 넘어서 서로를 재생시킨다. 생식의 문제는 성의 차이를 족보 같은 것으로 환원시킴으로써 종족의 생명을 약화시킬 위험조차 안고 있다. 어떤 문화들은 이 사실을 알면서 실행해 왔다. 많은 경우에 우리는 이 사실을 망각했다. 따라서 우리의 성은 황폐하고 기계적인 것이 되어 버렸으며, 우리의 윤리적 논쟁에도 불구하고 때로는 동물의 성보다 더 퇴행하고 타락한 모습이 되었다.

2. 성의 차이를 규정짓는 것은 우리의 문화와 언어를 결정짓는 것과 당연히 연관된다. 수세기 동안 계속되어 우리의 것이 되어 버린 성

의 경제는 모든 미적·사색적, 그리고 진정 윤리적 구상으로부터 너무도 자주 단절되어 버려서 성별화된 문화라는 개념은 많은 사람들을 놀라게 한다. 성은 문명과는 무관한 문제라고 생각할지 모른다. 그러나 조금만 더 숙고하고 탐구해 보면 전혀 그렇지 않다는 것이 드러난다. 소위 개인적인 것으로 간주되는 성욕이 사회 규범으로부터 벗어나는 것은 불가능하다. 이 점은 우리 시대에 적절한 성 의식(rite)이나 행사, 특별한 성 규율이 거의 없는 만큼 더욱 부정적이다. 우리의 문명은 성에 따른 질서를 망각한 채 진보해 왔다. 여러 방면에서 고도로 발전한 우리의 문화가 다른 면에서는 그토록 부족하고 빈약해서 동식물이나 멀리 떨어진 문명세계로부터 성의 규율과 신비를 찾아야 하는 것은 슬픈 아이러니이다. 우리 문명의 장래와 인간적 성숙을 위해 우리가 필요로 하는 것은 성별화된 문화이다.

3. 성 문화의 후퇴는 보편적인 것 같지만 사실은 인류의 한부분이 다른 한부분을, 여기서는 남성의 세계가 여성의 세계를 장악하는 결과를 초래하는 다른 가치들의 형성과 병행한다. 오늘날 잘 인식되지 않은 이러한 사회적·문화적 부당함은 교환체계, 즉 의사소통과 창조의 수단들 가운데에서 우리의 주체적 잠재 능력을 자유롭게 키울 수 있기 위해 이해되고 수정되어야 한다. 특히 우리가 완전히 남성 중심의 계보에 따라 살고 있음을 명백히 해야 한다. 남성 반 여성 반으로 구성된 우리 사회는 하나가 아닌 두 족보에서 생겨난다. 즉, 어머니들→딸들과 아버지들→아들들(어머니들→아들들과 아버지들→딸들과 같이 교차된 족보는 말할 것도 없이) 족보에서 생겨난다. 가부장의 힘은 한 족보를 다른 족보에 종속시킴으로써 형성된다. 그러므로 문화적 질서의 접근방식으로서 오늘날 오이디푸스 구조라 불리는 것은, 모녀관계는 전혀 반영하지 않고 오로지 부자간

의 혈통 안에서 이미 구성되어진다. 부계 혈통을 따르는 사회에서 모녀관계는 남자들간의 관계에 종속된다.

여신들에게서 남신들에게로

가부장제가 아닌 다른 사회들은 어머니에게서 딸에게로 이어지는 여성의 문화 질서가 존재하는 전통과 연관이 많다. 예를 들어 요한 야콥 바흐오펜은 《모권 지배에서 가부장제로》[1]에서 이러한 여성 문명의 기본 특징을 보여 준다. 나는 《바다의 연인》[2]에서 모계 중심의 여성 권력이 딸에게서 아들로 옮겨가는 것을 나타내는 몇몇 사건을 분석했다(특히 〈신들이 탄생할 때〉와 〈가려진 입술들〉이라는 장에서).

이렇게 정신적 족보를 변형함으로써 담론의 경제는 문체와 특성면에서 모두 변질되었음을 지적해야만 하겠다. 그래서 신탁과 진리를 장악한 남성 신들은 지상에 뿌리내린 육체의 근원으로부터 스스로를 분리시켰다. 이 단절은 법과 정의, 그리고 수사학에서의 변화를 수반했다. 새로운 논리적 질서는 여성의 말을 검열하여 점차 들리지 않게 만들면서 형성되었다.

믿어지지 않는 몰인식과 망각 속에서 가부장 전통은 모계 족보의 흔적을 지워 버렸다. 오늘날 대다수 과학자들은 모녀 중심의 족보는 존재한 적이 없으며, 여성 혹은 페미니스트들의 상상에 지나지 않는다고 일반적으로 확신을 갖고 주장한다. 분명히 이들 남녀 학자들은 이 문제에 대해 충분히 연구하지 않았다. 그들은 그것에 대해 아무것도 모르면서 우리의 문화·역사에 대한 충분한 검토도 하지 않은 채 자신들의 연구틀에 따라 판단하는 자유를 갖는다. 이러한 망각이 가부장 문화의 징후이다. 세계와 자신이 갖는 관계의 기원에 대해 무지한 현대인의 고독과 방황은 여기에서 연유한다.

우리는 여신 없이 어떻게 대지에서 살 수 있는가?

이 물음에 관해 프랑스의 철학자 장 죠셉 구는 〈헤스티아의 망각〉[3]이란 글에서, 하이데거가 제의祭儀나 성취감과 같은 신성한 차원을 포기하지 않으면서 인간으로서 대지에서 살 수 있는 가능성을 찾으며 탐구한 회고적 행로를 분석한다. 그의 설명에 따르면, 하이데거의 철학에서 존재한다(être)는 말과 살다(habiter)라는 말은 자주 동일시되며, 이 둘의 일치는 하이데거의 사고가 진전됨에 따라 더욱 확고해진다. 이것을 증명하기 위해 장 죠셉 구는 이 말들의 인도-유럽어족의 어원을 사용한다. 그런데 être와 habiter를 의미하는 어근은 모두 가정의 화덕·불을 지키는 여신인 헤스티아의 이름과 밀접한 관계가 있다. 따라서 가정에서의 신성은 여성에 의해 지켜진다. 이것은 어머니에게서 딸에게로 전수된다. 딸이 결혼할 때 어머니는 자기 집 화덕의 제단에 횃불을 밝히고, 젊은 신랑·신부에 앞서 새로 살림할 집에 불을 밝힌다. 이 불은 여성에 의해 순수성이 지켜지는 것을 뜻한다. 여기서 순수성은 몇몇 세속적인 현대인들이 생각하듯이 방어적이거나 얌전 빼는 처녀성을 뜻하는 것이 아니며, 또한 가부장 문화와 남자들간의 교환가치로서 처녀성을 정의하는 데 충성하는 것은 더욱 아니다. 순수성이란 여성의 주체와 여성 족보에 대한 여성의 충실함을 의미한다.[4] 여성의 족보와 그 특질을 존중하는 것은 가정의 신성한 특성을 증언하는 것이다. 지상의 주거 차원을 상실한 것은 플라톤부터 철학에서 천상의 신들로 정의된 남성 신들을 위해 헤스티아를 소홀히 한 것과 병행한다. 이들 천상의 신들은, 우리에게 지상에서의 삶을 낯설게 하고 이 삶을 일종의 국외 추방으로 느끼게 한 것 같다.

지상에서의 삶에 대한 이런 식의 이해와 여성 족보와의 단절, 여성 신들과 그 특징에 대한 무관심은 남녀간의 영육의 결합으로 일반적으로 이해되는 결혼의 행복한 완수를 위해 아무런 도움을 주지 못한다. 아무리 부부가 서로 잘 지낸다고 해도 언어와 문화의 변화 없이는 부부로서의 상호 주관적인 관계를 위한 공간이 있을 수 없다. 그 결과 빚어지는 비극은 논리적 사실이나 사회 질서의 규제에 더 많이 종속되는 여러 다른 표현형태보다 예술과 문학에서 더욱 자명하게 나타난다. 사회 질서 안에서는 사생활과 공적 생활간의 인위적인 분리가 사랑하는 관계의 파멸에 대해 공범으로서 침묵을 지키기 때문이다.

그녀는 어떻게 해서 그가 아닌 존재가 되었는가?

가부장 문화가 형성된 과정은 그러므로 남녀 양성간의 관계의 변화 가운데 그대로 드러난다. 이것은 또한 언어의 심오한 경제학 안에 나타난다. 문법상의 성은 동기가 없는 것도 임의적인 것도 아니다. 문법상의 성의 분배는 의미론적인 근거를 지니며, 우리의 감각적·육체적 경험과 연결된 의미를 갖고, 시간과 장소에 따라 달라짐을 증명하기 위해서는 언어들의 공시적共時的·통시적通時的 연구를 하는 것만으로도 충분하다. 따라서 동일한 경험은——이와 같이 말할 수 있다면, 성의 차이가 부분적으로 이것을 허용하는 셈인데——문화·역사상의 시대가 성의 가치를 안정시키는지 그 여부에 의존하는 다른 문법상의 성에 의해 표현될 수 있다. 성의 차이는 그러므로 단순히 자연적 소산, 언어 외적인 사실로 환원될 수 없다. 성적 차이는 언어를 형성하는 조건이 되는 동시에 언어에 의해 한정되어진다. 성의 차이는 대명사·소유형용사의 체계를 결정지을 뿐 아니라, 단어들의 성과 문법적으로 그들이 어디에 분류되는지를 또한 결정한다. 예를 들면 생물-무생물, 구체-추상, 남성형-여성형과 같이. 성의 차이는 곧 자연과 문화가 만나는 곳에 위치한다. 그러나 부권 중심의 문화는 문법상의 여성형의 가치를 현실과 세계에 대한 그들의 묘사가 부정확하다고 몰아감으로써 격감시킨다. 따라서 다른 성으로 존재하는 대신에 여성형은 우리 언어(프랑스어)에서 비남성형, 즉 존재하지 않는 추상적 현실이 되어 버린다. 마치 실제 여자들이 엄격한 의미에서 종종 성의 영역에 갇히듯이 문법상의 여성형은 주관적인 표현으로 사라지게 되고, 여성과 관련된 어휘는 모욕적은 아닐지라도 여성을 남성형의 주어에 대한 목적어로 한정하는 가치 없는 용어로 구성되어 있다. 바로 이러한 점 때문에 여성은 여성으로 말하거나 들려지는 것이 그토록 어렵다는 사실을 발견하게 된다. 여성들은 가부장적인 언어 질서에 의해 배제되고 부인된다. 그들은 여성이면서 동시에 사려 깊고 일관성 있게 말하는 것이 불가능하게 된다.

정체성을 상실한 중성

담화에 대한 옹호하기 어려운 이 입장이 중성적인 입장에서 문화적인 발언을 하려는 많은 여성들의 감춰진 부분을 결정한다. 그런데 이 입장은 현재 우리 언어로는 불가능하다. 이 과정에서 여성은 생물학적 성뿐 아니라 문법상의 성을 부정하게 된다. 문화가 여성을 이렇게 교육시킨 것이 사실이다. 다른 방식으로 처신하기 위해서 여성은 복잡하고 고통스러운 과정을 거쳐야만 하고, 문법상의 여성형으로 완전히 전환해야 한다. 이것이 성별화된 주체의 상실을 막을 수 있는 유일한 해결책으로 보인다. 대부분의 여성들은 엄격한 의미에서 성적인 장면의 규범과 전형화된 가족에 복종하는 것을 제외하고는 문화적 차원에서 우선 무성 혹은 중성으로 살아간다. 남성 위주의 세계에 들어가기 위해서 직면하게 되는 어려움은 자칭 페미니스트들을 포함한 거의 모든 여성이 여성으로서의 주체성과 다른 여성들과의 관계를 포기해야 한다는 사실을 유발한다. 이러한 포기는 의사소통면에서 개인 및 집단적으로 막다른 골목에 봉착하게 한다. 또한 문화도 그 결과 황폐해지고, 성별화된 단일극으로 축소된다.

이러한 고찰은 이 책 전체에서 전개되는 다른 고찰들과 마찬가지로 단순히 고발하거나 비판하기 위해 의도된 것은 분명 아니다. 근본 취지는 성적 질서 혹은 무질서와 관련하여 사회 조직을 이해하려는 것이다. 이러한 고찰은 이와 같은 차원의 분석을 위한 세밀한 도구를 제시해 주며, 현재 지식의 몇몇 중요한 분야에서 취한 예들을 통해 사회 정의란 우리가 거의 인지할 수 없는 문화적 변동 없이는 얻을 수 없다는 것을 보여 준다.

사회 정의는 엄격한 의미에서 경제적 불평등에만 기인하는 것은 아니다. 우리의 요구는 의식주에만 국한되는 것은 아니다. 그 이상으로, 어떤 사람에게는 거액의 돈을 갖게 하고 어떤 이들에겐 못 갖게 하는 것을 문화적 퇴폐 때문이라고 생각한다. 화폐의 발달은 아마도 사회적 무질서에 상응한다. 여하튼 가장 우선적으로 우리에게 필요한 것은, 모든 인간에게 인간 존엄성의 권리를 갖게 하는 것이다. 이것은 차이에 가치를 부여하는 법을 필요로 한다는 의미이다. 모든 주체는 동일하거나 평등하지도 않으며, 그렇게 되는 것이 걸맞지도 않다. 이 점은 특히 성문제에 관한 한 사실이다. 그러므로 주관적·객관적 권리를 규제하는 사회 및 문화의 수단을 이해하고, 수정하는 것이 중요하다. 사회 정의, 특히 성과 관련된 정의는 언어의 법칙과 사회 질서를 구성하는 진실과 가치의 개념을 바꾸지 않고서는 이루어질 수 없다. 문화적 수단의 변경은 엄밀한 의미에서 물질적 재산의 분배만큼이나 장기적 차원에서 중요하다. 다른 하나가 없이는 나머지 것도 얻을 수 없다.

1987년 3월

1) 아드리엥 튜렐이 선정한 부분, 레르 출판사(Éditions de l'Aire), 1980.

2) 미뉘 출판사(Éditions de Minuit), 1980.

3) 〈언어학적 성〉, 《언어 *Langages*》誌, no. 85, 라루스 출판사(Éditions Larousse), 1987년 3월호. 이 장은 특히 Marie Mauxion · Patrizia Violi · Luisa Muraro · Marina Mizzau · Jean-Joseph Goux · Éliane Koskas · Hélène Rouch · Luce Irigaray의 글 모두를 위해 내가 쓴 서문을 부분적으로 수정한 것이다.

4) 적어도 나는 이렇게 이해하고 싶다. 그러나 불(火)의 특권과 이 신의 후기 특성이 문제를 제기한다. 거기서 일종의 원시 전통의 기억을 읽어내지 않는다면?

2
종교적 신화와 세속적 신화

　우리들 대부분은 일상생활에 미치는 종교의 영향에서 벗어나기 위해서는 교회에 가지 않고 예배 보기를 거부하거나, 성서를 절대 보지 않으면 된다고 생각한다. 적어도 원칙상으로는 종교와 정치가 분리된 제도를 가진 나라에서 살기 때문에 이런 환상을 계속 지니는 것이 가능하다. 확실히, 권력을 분산하기 위한 방법은 세속적·종교적 열정을 행사하는 데 있어서 상대적인 절제를 보장하는 것이다. 그럼에도 불구하고 이들은 문화에서 종교의 영향이 얼마나 의미심장한가에 대한 문제를 해결하지 못한다. 우리들 모두는 적어도 그리스·라틴·동양·유태계, 그리고 기독교 전통에 젖어 있다. 특히 우리가 인식하지 못하는 가운데 그 안에서 살고, 교류하고, 영속화하는 예술과 철학, 그리고 신화를 통해서. 한 시대에서 다음 시대로 넘어가는 과정은 이미 존재하는 것을 단순히 부정함으로써 얻어질 수는 없다. 마르크스와 프로이트의 해석으로는 충분하지 않은데, 왜냐하면 왜 그렇게 형성되었는지의 의문이 제기되어 본 적이 거의 없는 부권 중심의 신화와 긴밀히 연관되어 있기 때문이다. 가부장제는 그에 수반되는 남성 지상주의처럼 부분적으로는 냉정한 판단을 결여함으로써 그 자체가 유일하게 가능한 질서라고 믿는 신화이다. 우리가 신화에 대해 일정한 시대에 무엇이 사회를 조직하는지 드러내 주는 주요한 한 표현이 아니라 부차적 현실을 나타낼 뿐이라고 생각하는 것은 바로 이 때문이다.

이야기와 이미지로 된 역사

다소 막연하게 선사시대라 불리는 것에 대한 무지로 인해 가부장제가 유일하게 가능한 역사로 오인되고 있다. 선사시대에서 전문가들은 매우 다양한 사실과 시대를 구분해 내고, 이러한 역사적 표현을 신화의 실제 기능(역사 속에 숨겨진) 혹은 설화나 전설의 기능으로 단순화시킨다. 사실 신화적 재현의 의미를 부수적인 장식으로 보는 것은, 특히 성 차이의 경제와 관련된 어떤 문화적 차원을 억압하고 파괴하는 것을 수반한다. 또한 이러한 견해는 부분적이고 단순화된 불모의 역사 개념으로 이끈다.

역사적 표현으로서의 신화에 대한 요한 야콥 바흐오펜의 연구[1]는 특정 시기 동안 존재했던 여성 정치조직에 대한 증거를 제시한다는 점에서 흥미롭다. 그의 발견들은 인류의 초기단계에 존재했으나, 우리 문화와 밀접한 연관을 지닌 다양한 문화에 근거한다. 여성 정치의 전통은—— 모권제에 국한되지 않고 여성이 여성으로서 통치하던 시기를 포함해야 하는데—— 부권제보다 선행하지만, 동굴생활 시대나 초기 선사시대 혹은 매우 박식하다는 학자들이 해석하고 이해하는 것처럼 동물적 습성의 형태로까지 거슬러 올라가지는 않는다. 따라서 그리스·로마·이집트의 문화, 특히 문자기록이 남아 있는 그리스 신화와 비극의 변천은 말할 것도 없이 모두 바흐오펜이 인용한 예를 우리에게 제공하며(《신이 여자였을 때》[2]에서 그와 메를린 스톤의 참고문헌을 볼 것), 또한 헤로도토스·헤겔·엘리아데에 의한 예를 제공한다. 문서 외에도 많은 예술적 흔적들이 엄격한 의미에서 우리의 현재 문화와는 다른 원시문화를 증명해 주고 있는데, 그

원시문화의 가치들이 검열받고 전도된 채 우리에게 전수되어 있다. 이 가치들이 때로는 가부장적 규범을 거쳐 부상한다.

신성한 여성

1984년 5월에 〈신성한 여성들〉[3]이란 제목으로 베네치아 메스트레의 여성 회관에서 열린 회의에 참석한 후, 나는 토르첼로 섬을 방문했다. 박물관에는 아기를 무릎에 안고 관람객을 향해 정면으로 바라보고 있는, 마치 예수의 어머니인 마리아 상과도 흡사한 자세를 취하고 있는 여인 조각상이 있었다. 이 아기 예수가 소녀라는 것을 발견했을 때, 나는 나무로 된 이 아름다운 조각에 감탄하고 말았다! 이것은 내게 매우 의미 있는 효과, 환희로 가득 찬 지각적·정신적 효과를 불러일으켰다. 예술 속에서도 작용하는 진리의 문화적인 지상명령으로 인한 긴장으로부터 자유로워진 느낌이었다. 다시 말해, 동정녀 어머니와 그의 아들이 우리가 믿어야 하는 구원의 모델로 그려지는 진리로부터. 마리아와 그의 어머니 안나를 대변하는 이 조각상 앞에서 나는 다시금 내 몸과 감정, 그리고 여성으로서의 역사 속에서 편안하고 즐겁게 느꼈다. 나와 나의 어머니, 그리고 다른 여성들의 육체적 구현을 경멸하지 않고 살아가기 위해 필요한 미적이고 도덕적인 상을 마주 대하고 있었다. 또한 베네치아의 마돈나 델로르토 성당에서 배움을 위해 사원에 도착한 사춘기 소녀 마리아의 모습을 담은 그림을 보았고, 볼로냐의 산스테파노에는 어린 아기 마리아에게 바쳐진 작은 제단이 있었다. 그 앞에 꽃과 촛불이 많지 않은 것으로 보아 본래 지닌 가치만큼 사람들의 관심을 끌지 못하는 듯했다!

《바다의 연인》에서 나는 임신·탄생·유년시절·청년기 및 여성의 결혼이 내포하는 종교적 표현과 그것을 축하해 줄 필요성에 대해 설명했다.

이탈리아에는(학회 참석차 갔을 때 보았기 때문에 북부 이탈리아의 몇 군데만 인용했다) 신화가 반드시 부권제나 로마식 법만능주의로 환원되지 않는 동양으로부터 오랜 영향을 받아온 결과로 이러한 흔적들이 많이 남아 있다. 그러나 이들은 현실의 의미를 전도시키는 데 기여해 왔다. 이와 같이 이탈리아에는 그리스도 왕이 성모에게 관을 씌워 주는 그림들이 무수히 많다. 물론 이 장면은 최후의 심판이 있은 후에 비로소 일어난다. 나는 이 것을 현재의 재판체계와 표현체계가 끝난 다음으로 이해했다. 그런데 이 장면을 그리기 위해서는 그것을 상상할 수 있어야 한다. 이것은 역전된 형태로 나타나는 역사적 억압의 복귀를 통해서 가능한 것처럼 보인다. 사실 왕권은 처음에 여성에게 속했다. 그후에 동양·로마·프랑스 등지에서 여성들은 다소간 직접적인 형태로 많은 왕들에게 그들 자신이 왕관을 씌워 주었다. 역사 전반을 통해서 여성들은 미래를 예견하는 점치는 기술을 보유하였는데, 대부분 여왕들(어떤 문화권에서는 아직도 그러하다)이었다. 《오레스테이아》 비극 3부작 가운데 하나인 아이스킬로스의 〈복수의 여신〉 을 읽은 독자는 어떻게 여성들이 신탁의 힘을 그들의 어린 소년들과 나누기를 원했는지 기억할 터이다. 그런데 여성들은 왜 이 모든 것 —— 신 성·왕권·정체성 —— 을 잃어버리고 말았을까?

천상의 지평선 혹은 제국주의의 꿈?

바흐오펜은 여성 상위체제에 대한 귀중한 정보를 가져다 준 반면, 부권 제로 옮아간 동기에 관해서는 엄밀한 해석을 내리지 못한다. 나는 그가 주장한 대로 —— 그 나름의 방식대로 헤겔과 더불어 —— 부권제가 여성의 통치보다 단순히 더 정신적이라고 생각하지는 않는다. 어쨌든 바흐오펜은 이것에 관해서는 끊임없이 자기 모순에 빠져 그 모순을 해결하지 못한다.

그의 견해에 의하면, 여성이 도덕적으로 더 우월하지만 부권제가 더욱 정신적이며 천상적이라고 한다. 그러나 윤리 없이 정신적이고 천상적인 것이 무슨 의미가 있는가? 대지와 유익한 물질을 양식으로 삼은 문화가 빚을 지불하지 않고 그것들로부터 벗어날 수 있는가? 아마도 부권제는 역사상 필요한 단계였으리라 생각된다. 우리가 그것의 한계를 인식하고 그것을 해석할 수 있게 되는 순간부터 그것은 부권제의 성취를 의미할 수없게 된다. 오늘날 그것은 가능하게, 혹은 또다시 가능하게 되었다. 이 작업은 사회 정의에 대한 관심에서 뿐 아니라, 우리의 천연자원을 보호하고 지하 세계의 질서를 능가하기 위해 구축된 천상의 이름으로 이 원천을 파괴하지 않기 위해 우리에게 부과된 필요한 일이다. 대지는 곧 우리들이 필요로 하는 광물·금속·식물·수소·산소 등의 원천이다. 대지는 우리가 호흡하고, 먹고 살기 위해 필요한 것을 제공해 준다. 대지를 파멸시키는 것은 생명을, 즉 우리 자신을 파멸시키는 것이다. 그런데 부권제 질서는 저 너머 내세에 기반을 두고 있다. 태어나기 전과 특히 사후의 세계, 생존하기 위해 발견되고 탐구되어져야 할 지구 외의 다른 혹성들 등등. 부권제는 현존하는 우주의 정당한 가치를 인정하지 않고, 불확실한 가상의 세계를 기반으로 지불하기 불가능한 계획들을 끌어낸다. 부권제는 또한 모든 것을 살 수 있다고 생각한다. 그러나 여성 족보를 없애고 대지와 물질적 우주에 대한 존중을 말살함으로써 부권제 문명은 사회 현실의 한 부분을 억압해 왔으므로, 오늘날 합리적으로 사회 현실의 진리를 생각하기가 힘들게 된다.

진리와 믿음

남자들은 분명하게 말하는데 여자들은 그렇지 못하다는 이야기를 흔히

듣게 된다. 그러나 남성의 담화가 사람들이 생각하는 만큼 분명한 것만은 결코 아니다. 왜 그러한가? 남성들은 현실을 절단하고 변형시키는 종교적·세속적인 규범에 기초하여 조직되어지기 때문이다. 그 결과, 사물과 말의 가치는 부분적으로 진실되고, 부분적으로 신용할 만하고, 부분적으로 자의적이 되었다. 이것은 남성들 사이의 교환을 근본적으로 그들만의 은밀한 것으로 만드는데, 왜냐하면 이들 교환은 현실의 지각을 배척하는 규칙과 관습에 따라 작용하기 때문이다. 가부장적 문화가 그 권력을 확립할수록 의사소통과 교환체계는 개인의 진실에서 점차 유리되고 전문가들의 일이 된다. 이러한 점이 현대 세계의 곤경을 야기시키는 한 원인이다. 우리들 가운데 대다수는 무엇이 진실인지를 더이상 알지 못한다. 그들은 스스로 평가할 권리를 포기한다. 그들보다 더 많이 안다고 믿는 사람들에게 복종한다. 그런데 사회·문화적 영역에서 더 많은 능력을 가졌다고 여겨지는 사람들도 은밀히 살펴보면, 선전이나 대중매체·예술 등에 의해 조작된 경우가 대부분이다.

물론 각 개인이 역사 전체를 다시 창조한다는 것은 불가능하다. 그러나 남자든 여자든지간에 어느 개인이나 그녀 혹은 그의 개인적·집단적 역사를 재창조할 수 있어야 한다고 생각한다. 이것을 성취하기 위해서는 모든 사람들의 신체와 인식에 대한 존중이 선행되어야 한다. 남녀 각자가 그들의 책임을 의식하고, 자신들의 결정을 판단할 수 있어야 한다. 누구도 믿어서는 안 된다. 이러한 심리적·사회학적 현상은 위험한 인위적인 권력을 낳는다. 신념은 주체성과 책임감을 파괴시키고, 실제 경험에 충실하지 못하게 한다. 더 나아가 신념은 때로는 언어나 그에 수반되는 이미지들의 체계 속에서 작용하는 역사상의 공백이나 잊혀진 부분들을 메우는 힘을 대변한다.

1987년 4월

1) 《모권 지배에서 가부장제로》, 앞글 참조.
2) 오퓌스퀼 출판사(Éditions Opuscule), 캐나다.
3) 《성과 친족관계》, 미뉘 출판사, 1987.

3

여성의 담화와 남성의 담화

담화 안에서 성별화된 표시들을 어떻게 분석할 것인가? 이 조사를 실행하기 위해 나는 우선 프랑스어에서 자료를 모았다. 일상적인 상황이나 치료중에 있는 여자와 남자들의 말을 녹음했다. 또한 몇몇 동료들의 도움으로 남녀 단체에게 다음과 같은 간단한 언어 테스트에 응해 주도록 요청했다. 「독신·결혼·성욕·아이 등과 같은 유도적인 단어를 사용하여 간단한 문장을 만드시오.」 혹은 「다음과 같은 몇 단어들을 사용하여 간단한 문장을 만드시오. 〈권태―그/그녀―말하다〉, 〈옷―자신―보다〉, 〈집―어머니〉, 〈집―식탁〉 등.」 또 「여러 가지 문법 범주에 속하고 다양한 모호성의 정도를 나타내는 단어의 반대어·동의어 및 정의를 쓰시오.」

나는 얻어진 답을 분류하고 해석하기 시작했다. 유사한 성격이 모든 여성들의 진술에서, 그리고 다른 한편 모든 남성들의 진술에서 각기 발견된다는 것을 곧 입증할 수 있었다. 이런 점에서 그들의 담화는 성별화되어 있다고 말하는 것이 타당하다. 특정한 한 성에 속하는 표시들이 가변적인 문맥상의 상황보다 더 강하며, 실험적 상황의 한 요소로서 응답자가 교체되는 것보다 더 중요하다.

이러한 현상을 어떻게 해석할 것인가? 이런 종류의 작업에서 결론을 이끌어 내는 과정은 천천히 진행되어야 한다. 의식적이든 무의식적이든간에 이들이 야기시킬 열정과 내거는 목적이 중요하기 때문이다. 그러므로 나는 지금, 특히 국제적으로[1] 진행되고 있는 이 조사를 통해 실험적인 근거를 바탕으로 공식화 혹은 새롭게 공식화할 수 있는 몇몇 질문들을 제시하려고 한다.

사회의 영향인가, 언어의 영향인가?

남성과 여성의 진술에서 나타나는 차이는 사회의 영향인가, 아니면 언어의 영향인가? 나는 이러한 구분부터 거부해야 한다고 생각한다. 언어는 그 이전 시대 언어 활동의 침전작용에서 생겨난 산물이다. 언어는 사회적인 의사소통의 형태를 표현한 것이다. 이것은 보편적인 것도, 중성적인 것도, 불가침적인 것도 아니다. 말하는 주체의 뇌 속에 보편적인 언어학적 구조가 항상 들어 있는 것이 아니라, 오히려 각 시대는 그 나름의 필요성을 갖고 이상을 창출하며 그와 같은 이상을 강요하는 것이다. 어떤 것은 다른 것보다 역사적으로 더 오래 지속되는데, 성에 관련된 이상들이 그 좋은 예이다. 이러한 이상들은 점차 그들의 규범을 우리 언어에 부과한다. 따라서 프랑스어에서는,

1. 통사론적統辭論的으로 볼 때 문법상 남성형이 항상 지배한다. 예를 들어 그들은 결혼한다, 그들은 서로 사랑한다, 그들은 아름답다 등등. 여성형을 말살하는 이러한 문법상의 표시는, 주체가 경험하고 담화를 통해 표현하는 방식에 충격을 가하는 것이다.

2. 중성이나 비인칭은 남성과 같은 대명사나 형태로 표현된다. 〈천둥

치다(il tonne)〉, 〈눈오다(il neige)〉, 〈반드시 해야 한다(il faut)〉에서와 같이 여성형으로 표현되는 예(elle tonne, elle neige, elle faut)는 찾아볼 수 없이 모두 남성형으로만 대변된다. 이 언어의 역사에서 몇몇 대상은 중성으로 특징지워지지만(예를 들어 그리스어와 라틴어에서), 자연현상과 필요성은 성별화된 주체로 표시된다. 마찬가지로 그리스 철학자들의 〈해야 한다(il faut)〉와 〈필요하다(il est nécessaire)〉나 혹은 그들의 후예는 인간과 신의 운명에 동시에 관련된 성적 필요성을 숨기고 있다. 필요성의 기원은 중성이 아니다. 그것은 그 후, 특히 로마의 법 질서에 지배됨으로써 의무로 발전되었다. 그러나 법은 남성에 의해서만 강령으로 선포되었다. 〈해야 한다〉는 하나의 성별화된 주체에 의해 설정된 의무나 질서를 의미한다. 표면적으로만 중성으로 보일 뿐이며, 적어도 프랑스어에서는 남성과 같은 성으로 표현된다.

남성은 마치 자기 자식과 아내 그리고 자신의 소유물에 자기 고유의 이름을 붙여 주고 싶듯이, 우주에 자기의 성을 직접 혹은 간접적으로 부여하고 싶은지도 모른다. 이 점은 남녀 양성[2]이 세계·사물·대상과 갖는 관계에서 중요한 비중을 차지한다. 실제로 어떠한 가치가 있다고 여겨지는 것은 모두 남성에게 속해 있고, 남성형으로 표시된다. 엄격한 의미에서 자기에게 속한 소유물은 별도로 하더라도 남성은 신과 태양에 그들의 성을 부여하며, 또한 중성의 가면하에서 우주의 법칙과 사회적·개인적 질서에도 남성형을 부여한다. 그리고 왜 이렇게 할당되었는지 그 기원에 대해서는 의문조차 갖지 않는다.

프랑스어(다른 로마 언어들과 더불어)에서 여성형은 통사론적으로 부차적인 위치에 머무르고 하나의 규범이 되지 못하며, 여성형인 명사들은 대단한 가치들을 지시한다고는 볼 수 없는 것들이다. 프랑스어에서 달은 여성형이고 별도 그러하지만, 둘다 일반적으로 생명의 원천으로 간주되지는 않는다. 한편, 땅은 남성들에게 할당되는 덩어리로 조각조각 나뉘어져 문법상 여성의 통일성을 앗아가거나 위장시킨다.

언어가 성별화되어 있는데 어떻게 담화가 그렇지 않을 수 있는가? 언어는 가장 근본적인 규칙들 속에 성적인 특성과 함축된 의미들과 무관하지 않은 단어의 성구분 속에 이미 성별화되어 있으며, 어휘들 속에도 역시 마찬가지다. 남성과 여성의 담화에 나타난 차이들은 따라서 언어와 사회, 사회와 언어의 영향이다. 하나를 바꾸지 않고 나머지 것을 바꿀 수는 없다. 그러나 언어와 사회를 완전히 분리시키는 것은 불가능하지만, 전략상 문화적 변화의 주축을 때로는 언어에 때로는 사회에 두어 볼 수 있으며, 무엇보다도 언어가 진보되기를 수동적으로 기다리기만 해서는 안 될 것이다. 담화와 언어의 문제는 더 나은 문화적 성숙과 더 많은 사회 정의를 얻기 위해 교묘히 쓰여질 수 있다. 그런데 문화에서 바로 이러한 차원이 갖는 중요성을 전혀 고려하지 않기 때문에 중성적 힘으로서의 테크놀로지 왕국에 그토록 많은 힘을 부여하게 되며, 파벌적인 퇴보, 현재 우리가 살고 있는 사회와 문화의 해체, 다양한 1인 정치체제의 제국주의 등이 강화되는 결과를 초래한 것이다.

성의 해방은 언어학적 변화를 의미한다

문법상의 성과 관련된 언어법칙의 변화 없이 성의 해방은 결코 이루어질 수 없다는 것을 분명히 해야만 한다. 주체의 해방은 성차별에 예속되거나 차이를 무효화하는(마법에 의해서만 가능한 일이라 하더라도) 규칙들에서 벗어난 언어를 요구한다. 연구되고 수정되어야 할 점은 언어마다 다양할 수 있다. 이 점을 잊어서는 안 된다. 그러나 현재의 언어들 가운데 다른 성에 속하는 두 집단이 서로 나누어 갖고 의견을 교류하는 수단으로서의 자격을 갖춘 언어를 나는 알지 못한다. 개인의 결정과 집단의 선의는 만약 이 문화적 수단을 수정하려는 생각과 함께 언어의 성별화된 표시와 규칙이 지닌 이론적·실제적 충격을 고려하지 않는다면, 성의 해방과 사회 정의를 실천하려는 그들의 계획을 결코 실현시킬 수는 없을 것이다.

앞에서 조사한 결과 분석된 진술들은 성의 상호관계라는 관점에서 남녀간의 의미 있는 차이를 보여 준다. 여성은 담화에 성적인 성격을 부여한다. 자신들의 구체적인 특성을 사물과 장소에 종종 부여하는 것과 마찬가지로 여성은 성별화된 대담자들에게 말한다. 남성은 그러나 이렇게 하지 않고 그들, 즉 남성들(ils) 혹은 나-그(들)(je-il(s)) 가운데 머무르는데, 이것은 무의식적인 성적 선택과 일치하는 것이다.

과연 여성들은 설문 상대자에게 성별에 따른 성격 부여하기를 포기해야만 하는가? 그렇게 하지 않기를 바란다. 성이란 중요한 문화의 차원이지만, 언어·사회·문화 속에서 양성간의 관계는 다시 균형을 이루어야한다. 성적 차이를 단어에 의미 부여하기를 포기하지 않으면서 여성들이 스스로를 나, 나-그녀(들)(je, je-elle(s))로서 정의할 수 있고, 주체로 자신들을 대변하고 다른 여성들과 이야기할 수 있다면 바람직할 것이다. 그러기 위해서는 주체성의 발달과 언어 규칙의 변화가 필요하다. 오늘날까지 여성들은 〈그녀들은 서로 좋아한다(elles s'aiment)〉, 〈그녀들은 아름답다(elles sont belles)〉와 같이 복수형이 여성이기 위해서 뿐만 아니라 주체적으로 여성적인 세계와의 관계가 가능하도록 하기 위해 예외적으로 여성들 사이에 머무를 필요가 있다. 이 언어학적 필요성은 일련의 해방운동을 위한 기초를 마련해 준다. 그러나 인간 세계는 아무런 만남의 장소 없이 남녀가 서로 분열될 수는 없다. 그렇지 않으면 벙어리들이든가? 그러나 침묵 자체가 사실은 말로 표현되는 담화와 유사하다. 다른 성과 섞이지 않는 전략은 담화 내용에 대한 명백한 문제를 위해서 뿐 아니라, 그보다 더 언어의 형식과 법칙의 경우에 더욱 필수 불가결한 것이다. 여성들끼리

포함해 모든 교환체계의 차원에서 작용할 수 있도록 이들을 변화시키기 위해서는 이러한 전략이 적용되어야 한다.

　다양한 조사 자료의 분석이 명확히 나타내는 것은 매체가 여성이었던 것이 사실이라 인정되더라도, 여성들의 담화에서 너(tu)는 정신분석상의 전이로 한 사람의 여성을 가리킨다. 그런데 실험상의 진술에서는 실험을 주도하는 사람이 여자일 때에도 실험의 상대자는 그(il)로 지시된다. 매체로서의 너(tu)가 이렇게 바뀌는 것을 어떻게 이해할 것인가? 문화적 말살로 볼 것인가? 여성을 지칭하는 너(tu) 대신 남성형인 그(il)를 의미 있게 다시 소개하는 허위의 중성성을 부과한 것일까? 이와 같은 문법상의 성의 치환置換은 양성 모두에게 일어난다. 주체, 즉 주어의 역사라는 관점에서 볼 때 이것은 최초의 너(tu)인 어머니와의 관계를 소멸시키기에 이른다. 그 결과 너-그녀-나(tu-elle-je)로 이행되는 과정이 여성에게는 결핍되어 있으며, 특히 족보상으로 자신과 문법상의 성과 관련하여 성적 정체성을 상실하게 된다. 남성에게는 본래 모성을 뜻했던 여성적인 너(tu)가 그(il)를 위해 상실되고 만다. 언어에 결핍된 것은 바로 너-그녀-너(tu-elle-tu)로 옮아가는 과정이다. 이 점은 분석된 담화의 통사론적 구조와 일치하며, 모성적인 너(tu)와 여성적인 나(je)가 소멸되어 버린 우리 언어 질서에 관한 결론들과 상응한다. 이 질서는 임의적인 것이 아닌 언어학자들의 관심에서 벗어난 법칙에 의해 야기된 것이다.

서로 다른 두 세계

　남성의 담화에서 대부분 세계는 주체의 우주에 동화되는 추상적 무생물로 지시된다. 현실은 남성 주체의 집단적·개인적 역사와 연결된, 이미 문화적인 현실로 나타난다. 항상 육체적 뿌리와 우주적 환경, 생명과의 관계가 단절된 이차적 자연의 문제이다. 이 관계는 부인되기 위해 언급될 뿐이며, 미개의 행위로 영구히 이행하는 중이다. 양식樣式은 변할지 모르나, 행위의 무분별한 직접성은 그대로 남아 있다. 남성 주체가 그의 몸과 몸이 그에게 주는 것과의 관계 또는 자연과 성관계의 파트너를 포함한 다른 사람들의 몸과 갖는 관계는 아직도 미발달 상태이다. 발달되기를 기다리는 동안 그가 말하는 현실은 인위적이며, 실제로 공유할 수 없는 하나의 주체와 하나의 문화에 그토록 조정되고 만다. 그러나 이것이 바로 언어가 내세우는 목적이다. 더군다나 이러한 현실은 생명에서 너무도 유리되어, 마치 프로이트가 죽음의 충동이 갖는 문화적 특권을 언급하면서 진단했던 것처럼 치명적이 된다.

한편 여성의 담화는 남성을 주체로 지시하며 —— 정신분석적 전이에서만은 제외하고 —— 구체적인 무생물의 대상으로서 세계는 타자의 우주에 속한 것으로 표현한다. 그러므로 여성은 실제 환경과의 관계를 유지하나, 그것을 자신의 것으로 주체화하지는 못한다. 여성은 구체적인 현실의 체험을 위한 장소에 남아 있으나, 그것을 조직하는 문제는 타자에게 맡긴다. 언어가 여성들에게 달리할 방법을 주지 않은 것이 사실이다. 적어도 수세기 전부터. 실제로 여성의 담화가 지닌 함축된 의미는, 예를 들면 현재 만들어진 술어가 아니라 형용사 안에서 특권적으로 표현된다. 언어학적으로, 현재 사용하는 언어는 이전에 여성들이 사용하던 담화가 변형된 것임을 나타낸다고 볼 수 있다(그리고/혹은 이런 방법으로 여성은 남성의 담화가 갖는 뒤늦은 특징에 저항한다). 이런 맥락에서 다른 지표들, 즉 나(je)와 그녀(elle)의 모음자 생략, 담화의 주체로서 여성형을 소멸시키는 모든 전략들, 부정적 변형의 문제 등을 해석할 수 있다. 이것이 앞으로 담화와 언어에서 성과 문법상 주어의 성에 대한 나의 연구대상이 될 것이다.

세상은 변한다. 오늘날 변화는 생명과 가치 창조를 위협하는 듯하다. 남아 있는 가치는 종종 돈의 지배에 종속된다. 사회에서 남성들만의 책임으로 운영되는 커뮤니케이션의 매체는 생명 및 구체적 특성과 좀더 밀접하게 연관된 다른 매체의 출현을 방해하거나 그 존재를 파괴시킬 위험이 있다. 성별을 인정하는 차원이 재생산을 위해서 뿐 아니라 문화와 생명의 보존을 위해서 필요 불가결하다. 그러므로 문제는 우리 문명이 여전히 성을 병적인 것 혹은 하나의 결함으로, 또는 동물성의 잔재로 생각하는지 아니면 성에 문화적이고 인간적인 지위를 부여할 만큼 성숙한지 그 여부를 아는 것이다. 이러한 변화는 언어와 모든 교환수단의 성별화된 차원이 발전됨으로써 가능하다.

1987년 6월

1) 《언어에 나타난 성과 문법상의 성》, 뤼스 이리가라이에 의해 구성된 프랑스어·영어·이탈리아어에 대한 연구단체, 그라쎄 출판사(Éditions Grasset), 1990.
2) 나는 〈genre〉(문법상의 性)라는 말에 이미 연관된 전통적인 함축 의미를 피하고, 서술의 주체보다는 언술행위의 주체를 참조하기 위해 〈genre〉 대신 〈sexe〉라는 말을 자주 사용한다.

4

모성의 질서에 관하여

우리는 일반적으로 두 가지 행동양식에 종속되어 있는 듯하다. 다윈식의 모델과 파블로프식의 모델.

1. 생명과 관계되는 한 우리는 한편으로는 외부 환경과, 다른 한편으로는 다른 생물체들과 항상 투쟁해야 한다는 것이다. 이 두 적보다 강해야만 살아남을 수 있다.

2. 문화의 차원에서 우리는 반복학습으로 훈련받고, 사회 체제에 적응하도록 우리 자신의 결정적인 혁신이나 발견 없이 〈이와 같이〉 하고, 〈이와 같이〉 되도록(의식적이든 아니든) 길러진다.

과연 우리는 이 두 거대한 구조와 변수로부터 빠져나올 수 있을까? 존재의 차원에서 볼 때 경쟁적인 이 투쟁에서 자유로울 수 있을까? 문화적 차원에서는 거의 치명적인 반복으로부터? 사회의 조직화와 해체 속에서 이 둘의 복잡한 얽힘으로부터 해방될 수 있을까? 성의 정체성, 특히 여성의 정체성이라는 아직 해결되지 않은 문제가 우리에게 어떤 길을 제공해 주는가? 나의 대답은 제공해 준다는 것이다. 만약 이것이 조금 분명하지 않다면, 나의 해석은 다원주의와 파블로프주의의 중요성과 무관하지 않다는 것이다. 우리는 생존하기 위해 다른 모든 형태들과 투쟁하며, 자유와 혼동하는 조건부의 사회 규칙에 여전히 묶여 있다. 따라서 둘이 아니라 하나의 성, 즉 하나의 문법상의 성에 길들여져 있어서 우리가 친숙한 (가부장제) 문화와 다른 그 어떤 것도 생각하지 못한다. 그러나 우주의 법칙과 더불어 성적 차이의 구조에서 바로 이러한 기존의 거대한 모델은 한계에 부딪칠 수밖에 없는 듯하다.

태반관계는 결정론, 즉 생명과 문화의 유폐에 대해 하나의 출구 혹은 여성 신체의 정체성에서 유래한 출구를 제시한다. 파리의 콜베르 고등학교 생물 선생인 헬렌 로쉬는 어머니가 자궁 내의 아기와 갖는 관계의 특이성에 대해 연구했다. 이 둘의 관계는, 예를 들어 정신분석학 같은 가부장적 상상력이 생각하는 것처럼 융합되어 있지 않고, 실제로는 신기할 정도로 질서 잡히고 서로의 생명을 존중한다.

여기에도 저기에도 속하지 못한 채

뤼스 이리가라이 헬렌, 임신 기간중에 태반이 하는 중개 역할에 대해 설명해 주실 수 있겠습니까?

헬렌 로쉬 우선, 태반이 무엇인가부터 생각해 보았으면 합니다. 이것은 태아에 의해 형성된 일종의 조직으로, 자궁접막에 밀접하게 비늘 모양으로 덮여져 다른 것들로부터 분리되어 있습니다. 사실, 이 점을 상기해야 합니다. 흔히들 태반은 모성과 태아가 반반씩 섞여 형성된 것이라고 생각하기 때문입니다. 태반은 태아가 형성한 것이지만, 태아와는 거의 독립된 기관으로 기능합니다. 이것은 두 가지 차원에서 중재 역할을 합니다. 하나는, 태반은 모체와 태아의 중간에 위치하며, 이것은 모체와 태아의 조직이 서로 융합될 수 없음을 뜻합니다. 다른 하나는 태반이 두 기관 사이의 생체교환을 조정하는 체제를 구성한다는 것입니다. 단지 양적으로 교환을 조정할 뿐 아니라(영양물은 모체에서 태아로 공급되고, 배출물은 반대 방향으로), 모체의 신진대사도 역시 변화시킵니다. 모체와 태아 모두를 위해 모체의 물질을 변형시키고, 저장하고, 재분배합니다. 이렇게 어머니와 태아의 관계는 형성됩니다. 그래서 태아는 모체를 탈진시키거나 단순히 영양물을 얻는 수단으로 전락시키지 않고 자랄 수 있게 됩니다.

호르몬과의 관계를 살펴보면, 태반의 역할은 역시 흥미롭습니다. 초기에는 임신에 필요한 난소의 분비물을 유지하기 위해 태반은 모체의 뇌하수체에서 이것을 끌어옵니다. 그런데 후기에는 모체와 태아 모두에게 가는 스테로이드를 생산해 냄으로써 난소 자체에서 충당하게 됩니다. 게다가 호르몬 분비를 조정할 수 있는 자동 제어체제를 갖게 되는 것 같습니다. 그러므로 여기서 우리는 모체의 기관이 임신상태 때문에 정상적인 난소 기능을 계속하지 못할 때 태아에 자동적으로 의존하긴 하지만 이 기간중에 필요한 모성 호르몬을 분비하는 기관을 갖게 됩니다.

태반의 이와 같은 상대적 자율과 다른 사람의 몸에서 한 생명이 자랄 수 있게 하는 통제 기능은 융합(모체와 태아의 살과 피가 이루 말할 수 없이 섞여 있다)이나, 혹은 반대로 침범(모체에서 흡혈귀처럼 모든 영양가를 빨아 먹는 이물체로서 태아를 보는 견해)의 형태로 환원될 수 없습니다. 융합이나 침범 등의 표현은 상상에서 나온 것에 불과하며, 복잡한 생물학적 실제와 비교할 때 —— 극히 문화적으로 결정되어진 것이 분명한데 —— 정말 보잘 것없게 느껴집니다.

평화로운 공존

이리가라이 타자他者를 거절하는 현상과 관련하여 이식 및 면역성의 문제와 태반의 구조가 지닌 독자성간의 차이를 설명해 주실 수 있을까요?

로 쉬 임신은 성공적인 이식을 이루고 있다고 말할 수 있겠지요. 어느 한 사람에게서 다른 사람의 몸으로 기관을 이식하는 것은 매우 어려운데 임신의 경우 자연스럽게 이루어지고 있습니다. 이식과 더불어 문제는 받아들이는 기관이 이식되는 기관을 낯선 것으로 인식하여, 이 이물체를 거부하기 위한 방어체계를 개시한다는 것입니다. 이 인식은 각 개인 특유의 항원, 그래서 자아의 표시로 불리기도 하는 항원 혹은 표시체계에 의해 이루어집니다. 기관이식에서 이 문제는 피이식자에게 유전자적으로 가장 가까운 장기 제공자를 선택하거나(이상적인 이식은 일란성 쌍생아간에 이루어지는 것이다), 면역을 저하시키는 방법을 통해 피이식자의 거부반응을 줄임으로써 해결됩니다. 후자의 방법은 분명 피이식자가 다른 균에 쉽게 감염될 위험이 있지요.

태아는 모체기관에 반쯤 낯선 존재입니다. 실제, 항원의 절반은 아버지에게서 유래한 것이지요. 이 때문에 모체는 자신이 아닌 절반을 거부하기 위한 방어체계를 개시해야 합니다. 역시 낯선 부분인 태반은 이 방어체계가 활성화되는 것을 막습니다. 복잡한 형태로 태반은 거부하려는 모체의 활동을 막거나 극소화시키게 되나 이것은 자궁 주변에 국부적으로만 일어나며, 게다가 모체가 다른 잠재적인 감염을 방어할 수 있는 방법에 한해서 이루어집니다.

이리가라이 태아를 이물체로 수용하거나 거부하는 문제와 관련하여 동일자同一者와 타자의 문제에 대한 면역의 패러독스를 간단히 설명해 주실 수 있겠습니까?

로 쉬 패러독스 이상이지요. 이것은 어머니의 자아와 태아인 타자간의 일종의 교섭입니다. 실제로, 모체의 면역반응을 막으려고 계획된 태반의 구조는 모체조직이 이물체에 대해 인식할 때에만 작용하게 됩니다. 그러므로 태반은 모체의 모든 반응을 억압하는 자동적인 보호체제가 아닙니다. 반대로 모체가 타자, 즉 비자아를 인식해야지만 그 첫번째 반응으로 태반의 구성요소가 만들어지게 됩니다. 말하자면 〈자아〉와 타자의 차이는 끊임없이 교섭된다는 점입니다. 마치 어머니는 태아(따라서 태반 역시)가 타자임을 항상 알고 있었고, 태반에게 이것을 알려 모체기관이 이를 타자로 받아들일 수 있게 하는 구성요소를 만들게 한 것처럼 모든 일이 진행됩니다. 이러한 관용체제는 이식의 경우 —— 이때 타자로 인식되어진 이식된 기관은 피이식자의 면역 거절반응을 즉시 결정적으로 활성화시킵니다 —— 와 타자로 인식되지 않아, 아무런 방위기제 없는 조직 속에서 증식하는 암종양의 경우와 모두 구별됩니다.

문화적 기억상실

이리가라이 그러니까 태반의 구조는 융합상태에 있는 것이 아니라, 서로를 존중하는 질서 잡힌 구조로군요. 불행히도 자연의 질서에서 분리된 우리 문화는 —— 이 질서로 돌아가기 위해 사용된 과학적 방법이 오히려 그 거리를 넓힐 때가 더 많은데 —— 태아의 관계가 갖는 거의 윤리적인 성격을 무시하거나 인지하지 못합니다. 《언어학적 성에 관한 언어》의 출간을 위해 당신이 쓴 논문에서, 당신은 남성의 문화적 상상력이 태반의 구조에 대해서 무지가 초래할 수도 있는 결과에 대해, 특히 소위 모국어와의 관계와 관련하여 몇 가지 지적을 하였습니다. 여기서 당신의 글을 간단히 요약해 주실 수 있겠습니까?

로 쉬 우선 정신분석학으로 이야기를 우회해서 시작해 보겠습니다. 이 것은 태어날 때 아기의 미발달 상태와 타자, 즉 어머니에 대한 절대적인 필요성에 의해서 아기와 어머니간의 상상적인 융합상태를 정당화시킵니다. 이 융합은 임신중에 가졌던 유기적 융합의 연장으로 암암리에 제시되며, 아기가 주체로서 형성되기 위해 반드시 깨뜨려야 하는 것으로 생각됩니다. 제3자——그것을 아버지·법·아버지의 이름 혹은 다른 어떤 것으로 부르든——에 의해 이 융합을 깨뜨림으로써 아기가 상징계에 들어서고, 언어에 접근하는 것을 가능하게 해 줍니다. 제3자는 이 융합이 정신병의 혼돈으로 빠지는 것을 막아 주고, 모든 것을 질서 안으로 들어오게 만든다고 흔히 생각합니다. 그러나 제3자는 이미 임신중에는 태반 덕분에, 출생시에는 자궁 공동에서 나옴으로써 서로 분리되는 구분을 다른 차원에서 반복하고 표시하는 것 외에 다른 무슨 일을 한단 말입니까? 어머니의 자아와 아이의 자아 혹은 그 반대간의 구분은 언어에 의해 언어 안에서 의미를 얻기 전에 이미 존재한다고 생각하며, 이 분리는 천국의 상실 또는 상처를 주는 추방이나 배제와 같은 우리 문화의 상상계가 전하는 것과 반드시 일치하지는 않는 상상계의 양식에 따라 존재한다고 나는 생각합니다. 나는 상상계의 이러한 양식이 잘못되었다고 비난하는 것이 아니라 언어 이전에 존재하는 것을 사유하는 유일한 방식은 아니라고 비판하는 것입니다. 이것은 임신 과정에 대한, 특히 이제는 잘 알려지긴 했으나 태반의 특별한 역할에 대한 기이할 정도의 무지를 문제삼게 합니다.

나의 글에서 나는 이 무지의 예로서 미셀 세르의 책 《기식자寄食者》를 들었습니다. 이 책은 모국어와 남성의 관계를 범례화한 것으로 보였습니다. 이 책에서 세르는 남성들을 받기만 할 뿐 전혀 주지 않는 식물상과 동물상의 기생충으로 비난하는 한편, 모국어와의 관계에서 맛볼 수 있는 기쁨을 찬양하였습니다. 모국어는 그에게 모든 것을 주며, (몇몇 친구들과)

끝없이 향연을 벌인 후에도 여전히 〈손대지 않은 처녀인 채〉로 남아 있다는 것입니다. 따라서 남성은 절대로 아무것도 주지 않으나, 그럼에도 불구하고 고갈되지 않고 기적적으로 끊임없이 새로워지는 언어를 만들고 소모합니다. 그러므로 세르에게는 그리스도의 육화肉化야말로 기적인데, 왜냐하면 예수는 성체성사에서 〈먹혀지도록〉 자신을 주는 유일한 남성이기 때문입니다. 그러나 임신한 여성이 아니라면 누가 자신의 몸을 먹도록 제공하겠습니까? 다만 임신 기간중에 우리는 산모가 〈처녀〉도 〈손대지 않은〉 상태도 아님을 발견합니다. 세르는 이 사실을 알고 있었으므로 태아를 기생충이라 부릅니다. 그러나 모든 인간의 빚을 인정하는 대신에, 그는 오히려 이 사실을 잊고 말합니다. 모체의 관용성·풍성함·충만함 등 천부의 재질을 가진 언어로 말하지만, 그 어떤 것도 빚지지 않은 사람에게 말합니다. 이 모체와 맺은 관계의 물질성은 사라지더라도, 언어는 모체로 만들어진 용법 안에서 고갈되지 않는 〈모태〉로 남습니다.

망각이 주는 이득

이리가라이   태반의 상업적 이용에 대해 당신은 어떤 입장을 가지고 계십니까?

로 쉬   의사들은 태반을 쓰레기통에 버린다고들 말합니다. 그러나 태반이 합법적으로든 불법적으로든 공적·사적 연구소나 연구기관에 팔린다는 사실은 공공연한 상식입니다. 왜냐하면 태반이 의학 및 과학 연구를 위해, 또한 화장품 산업을 위해 우수한 재료를 제공해 주기 때문이지요. 그들이 얻는 혜택의 성질은 다르더라도, 이 두 분야는 구분되지 않고 서로 맞물려 있지요. 태반의 특성을 연구하고 그 치료를 위해 활용하기를 원하는 점에 있어서 잘못된 것은 아무것도 없지요. 그러나 문제가 되는 것은, 그것을 사용해서 화장품 산업이 벌어들이는 엄청난 이득에 있습니다.

태반이란 어머니의 몸 덕분으로 성장하는 아이의 기관입니다. 어머니가 그 소유자가 아니라 하더라도 누구에게, 무엇을 위해 기부하려고 하는지 물어볼 수 있을 것입니다. 그렇게 하는 것이 적어도 상징적으로 어머니가 아이에게 부여한 선물을 표시하는 것이 되며, 우리의 가부장제 상업체계에서는 평가가 불가능한 아이의 빚 —— 아이의 관점에서 볼 때 —— 을 표시하는 것이 될 것입니다.

1987년 7월

5

차이의 문화

여성의 몸은 병이나 거부반응, 생체조직의 죽음을 유발시키지 않고 자기 안에 생명이 자라도록 관용하는 특수성을 지닌다. 불행히도 문화는 타자에 대해 존중하는 이 구조의 의미를 거의 뒤바꾸어 놓았다. 문화는 모자관계를 종교적 우상으로까지 맹목적으로 숭배하였으나, 이 관계가 나타내는 자기 안에서 타자를 관용하는 모델에 대해서는 전혀 이해하지 못하였다. 여성의 몸은 실제로 남성 염색체와 여성 염색체가 만나 수태됨으로써 아들과 딸에게 동등한 생명의 기회를 허락한다.

남성끼리의 문화는 반대로 작용한다. 남성 위주의 문화는 다른 성이 가져온 것을 사회에서 배제해 버린다. 여성의 몸은 차이를 존중하는 반면, 가부장제 사회라는 거대한 몸은 차이를 배제하고 계급서열상으로 구성되어 있다. 타자로서의 여성은 이러한 사회 구조에서 자연적 기반, 즉 관계상의 의미에서 그 중요성이 모호한 채로 남아 있는 기반으로 머물러 있어야 한다. 모자관계의 숭배는 분명 여성의 관용을 과시한다. 그러나 오늘날까지 딸들 역시 남성의 정액으로 생겨난다. 딸은 염색체가 만난 결과 어머니를 닮은 아이가 태어났더라도, 어머니에 의해 단성생식으로 만들어진 것이 아니다.

그러므로 우리 문명은 두 가지 면에서 결핍되어 있다. 문명은 우리에게 두 가지의 억압, 두 가지의 부정 혹은 비정상을 드러낸다.

1. 자신의 몸 안에서 타자에게 생명과 성장을 허용하는 여성은 남성들만이 세운 질서로부터 배제된다.

2. 여자아이는 남성과 여성에 의해 수태되었더라도, 아버지의 아이로서 아들이 누리는 것과 똑같은 지위로 사회에 속하지는 못한다. 여성은 출산을 위한 가치 있고 자연스러운 신체로 보호된 채, 문화에서 벗어나 있다.

여성이 그들의 사회적·정치적 권리를 인정받기 어려운 이유는 생물학과 문화와의 관계를 충분히 고려해 보지 않았기 때문이다. 생물학적 관점의 설명을 모두 거부하는 것은——생물학이 역설적으로 여성의 착취에 쓰여졌기 때문에——곧 이 착취를 이해할 수 있는 열쇠를 거부하는 것이다. 이것은 결국 남성 신의 통치가 확립된 소박한 문화단계에 여전히 머물러 있도록 퇴행하는 것이다. 이때 유일하게 남성의 형태로 스스로를 드러내는 것만이 아버지의 신성한 자식이며, 아버지와 직접적인 유사성을 보이는 자만이 가치 있는 아들로서 합법화될 수 있다. 기형아나 비정형아는 수치스럽게 감춰진다. 한편, 여자들은 베일에 가려진 채 어둠 속에서, 집안에서 살아야 한다. 여성은 남성 염색체에 상응하는 형태를 드러내지 못하는 존재로서 그들의 정체성을 상실한다.

남성과 대등한 주체적 지위를 얻기 위해 여성은, 그러므로 자신들의 다른 점을 인정받을 수 있도록 만들어야 한다. 여성은 스스로를 가치 있는 주체로서 입증해야 하며, 어머니와 아버지의 딸로서 그들 내에서 타자를 존중하는 만큼 사회로부터 똑같이 존중받기를 요구해야 한다.

그러나 여성 정체성의 모든 틀은 구축되거나 재구축되어야 한다. 우리 사회에서 가장 미개한 영역인 모녀간의 정체성 관계를 어떻게 개선할 수 있는지 가능한 방법의 몇 가지 간단한 예를 지적하고 싶다. 실제, 모녀관계는 가부장제 문화로부터 이중으로 소외되어 있는데, 여성은 여성 주체로 거부당할 뿐 아니라, 딸은 딸이라는 주체로서 동등하게 인정받지 못하기 때문이다. 우리 문명을 지배하는 가치는 남성의 유형에 속함을 공공연히 드러내는 것들이다.

남성 중심주의적 가부장제 질서의 이러한 악순환에서 어떻게 빠져나올 수 있을까? 딸들에게 정신과 영혼의 가능성을 어떻게 부여해 줄 수 있을까? 이것은 모녀간의 주체적 관계라는 존재를 통해 실현될 수 있다. 모녀관계를 발전시키기 위한 몇 가지 실천방향을 제안해 보고자 한다.

1. 생명과 음식에 대해 존중하는 마음을 다시 배우자. 이는 곧 어머니와 자연에 대한 존중을 회복하는 것을 의미한다. 모든 빚은 돈으로만 갚을 수 있는 것이 아니며, 모든 영양물을 돈으로 다 살 수 있는 것은 아니라는 사실을 우리는 때로 망각하고 있다. 이 점은 특히 남자 어린이들에게 적용되는 것이 분명하나, 여성 정체성을 재발견하는 데에도 필요 불가결하다.

2. 모든 가정과 공공장소에서 모녀가 쌍을 이루는 매력적인 이미지(광고용이 아닌)가 널리 퍼져야 한다. 항상 모자관계로 대표되는——특히 종교적 차원에서——이미지와 직면해야 한다는 것이 딸들에게는 병을 유발시킬 수 있다. 기독교 전통 속에 있는 모든 여성들에게, 예를 들어 응접실 혹은 딸이나 자신들의 방에 성모 마리아와 그의 모친 안나의 상을 가져다 놓으라고 제의하고 싶다. 조각품이나 쉽게 복사한 그림들을 발견할 수 있을 것이다. 또한 딸이나 어머니와 함께 찍은 사진을 걸어놓으라고 말해 주고 싶다. 어머니와 아버지 그리고 딸로 구성된 삼각 구도의 사진도 좋을 것이다. 이

사진은 딸에게 족보의 정당한 형상화를 심어 줄 것이고, 자신의 정체성을 형성하는 데 없어서는 안 될 조건을 부여해 줄 것이다.

3. 어머니들에게 딸들과 여성 복수형을 사용할 기회를 만들라고 권하고 싶다. 여성들은 그들이 느끼고 공유하지만 그것을 표현하기에 적합한 말이 없는 현실을 나타내기 위해서 새로운 단어나 구절을 창조할 수도 있다.

4. 모녀는 여성으로서의 나⇄너(je⇄tu)로 정의되기 위해, 서로 교환할 수 있는 대상을 발견하거나 만들어 내는 것이 역시 필요하다. 〈교환할 수 있는〉이란 말을 썼는데, 공유할 수 있고, 나눌 수 있고, 함께 소모할 수 있는 대상은 일체감을 유지시켜 주기 때문이다. 습관상 여성은 자녀와 음식, 혹은 외모와 성적인 외도에 관한 화제만을 교환할 뿐이다. 이것들은 교환할 수 있는 대상들이 아니다. 타인과 자신에 관해 잘 말할 수 있기 위해서는 이 세상의 현실에 관해 의사를 교환할 수 있고, 또한 어떤 것들을 교환할 수 있는 것이 도움이 된다.

5. 어머니들이 아주 일찍부터 성에 따른 계급에서 벗어나 차이를 존중하도록 딸에게 가르치는 것이 유용할 것이다. 그는 그를 말하고, 그녀는 그녀를 의미한다. 그와 그녀는 보완적인 기능으로 환원될 수 없으며, 각기 다른 정체성에 상응한다. 여자와 남자, 어머니와 아버지, 딸과 아들은 각기 다른 모습과 특성을 지닌다. 단순히 행동이나 역할에 의해 정의되어질 수 없다.

6. 자신 및 타자와의 관계를 형성하거나 유지하기 위해 공간을 소유하는 것이 꼭 필요하다. 여성들은 종종 출산과 남성의 욕망에 필요

한 존재로서 자궁과 성의 내부공간에 국한된다. 그러나 여성이 자신의 내부에서 외부로 나아갈 수 있도록 스스로 자율적이고 자유로운 주체로 경험하기 위해 적절한 외부공간을 갖는 것이 중요하다. 모녀 사이에 이 공간을 만들 기회를 어떻게 마련할 것인가? 몇 가지 방법을 제안해 본다.

a) 가능한 자주 인위적인 가치를 인간적인 가치로 대치하라.

b) 자연의 공간, 우주의 공간으로부터 멀어지는 것을 피하라.

c) 타자에 의해 투영되거나 매몰될 기회, 부모든 미래의 연인이든 타자와 미분화될 기회를 극소화하기 위해 거울의 반사현상, 즉 대칭·비대칭(특히 오른쪽-왼쪽) 현상과 장난치며 놀아보라.

d) 항상 같은 방향으로 가지 않을 줄도 알자. 이것은 당신의 힘을 분산시키는 것이 아니라, 오히려 당신 자신의 외부에서 내부로, 내부에서 외부로 어떻게 순환할 수 있는가를 알게 해 준다.

e) 공간적 정체성의 상실, 개인적 영역의 침입을 보상하기 위해 손으로 만든 자그마한 물건을 어머니와 딸 사이에 놓아두자.

f) 이미 존재하는 것을 묘사하고, 재생시키고, 반복하려는 욕구를 억제하지는 말고, 또한 아직 존재하지 않은 것을 어떻게 만들어 내고 상상하는지를 알자.

g) 언어교환에서 여성인 나(je-femme)가 여성인 너(tu-femme)에게, 특히 자신이나 제3의 여성에 관해 말하는 문장을 만들라. 이러한 유형의 언어가 거의 존재하지 않는다는 사실이 주체적 자유를 위한 여성공간을 엄청나게 제한한다. 일상용어로 이것을 만들기 시작하는 것이 가능하다. 어머니와 딸은 애정어린 교육적 놀이의 형태로 이 일을 할 수 있다. 좀더 구체적으로 말하면, 어머니인 여성이 딸인 여성에게 문법상의 여성형을

사용하여 자신에 관해 말하고, 딸에게도 똑같이 해 보도록 하고, 그녀의 족보 중에서 특히 어머니와의 관계를 환기시키고, 딸에게 현재 공적인 활동을 하고 있는 여성들과 역사 및 신화에 나오는 여성들에 대해 알려 주고, 딸에게 그 이야기를 친구들에게 전하도록 하는 등등의 일이다. 딸이 학교에 다니기 시작하면, 그들이 배우게 되는 담화는 그(il) 혹은 그들간(l'entre-ils)의 담화이다. 남녀공학의 경우 조금 낫긴 하겠지만 언어학적 규칙, 즉 문법적·의미론적·어휘론적 규칙에 진전이 없는 한 딸의 정체성을 발전시키는 데에는 별로 호의적이지 못하다.

현재 어머니만이 자신의 딸, 딸들에게 딸로서의 정체성을 부여하는 데 전념할 수 있다. 자유의 필요성에 관한 문제를 좀더 의식하고 있는 딸로서 우리는 또한 우리의 어머니를 교육시키고, 우리들 서로서로를 교육시킬 수 있다. 이것이 우리에게 필요한 사회적·문화적인 변화를 위해 반드시 해야 할 일이라고 생각한다.

1987년 9월

6
여성으로서의 글쓰기

앨리스 자르댕 20세기 말엽에 글을 쓴다는 것이 당신에게는 무엇을 의미합니까?[1]

뤼스 이리가라이 여러 가지를 의미하지요. 당장 생각나는 대로 열거해 보겠습니다.

1. 나는 20세기 말에 살고 있고, 글을 쓸 수 있는 나이이다.

2. 나는 글을 써서 생계를 유지한다. 나는 남자 혹은 남자들에 의해 부양되는 여성이 아닌 물질적 필요성을 스스로 조달해야만 한다. 나는 과학적인 연구를 하며, 나의 직업은 어떤 문제에 대해 연구하고 그 연구 결과를 전달하는 것이다.

3. 20세기 후반에 생각을 전달하는 한 수단은 알파벳으로 구성된 문자이다. 따라서 이 문자가 특히 여성으로서 내가 말하고자 하는 바를 제한한다고 생각하지만, 나는 전달수단으로써 이 문자를 사용한다.

4. 글은 알지 못하는 많은 사람들, 나와 같은 언어를 쓰지 않는 사람들, 같은 시대에 살지 않는 사람들에게 내 생각을 전할 수 있다. 이런 점에서 글쓰기는 보유되고 통용되어 역사에 기록되기 쉬운 의미의 기호체계와 자료를 창조해 내는 작업이다. 내 담화의 내용과 형식에 초점을 맞추어 볼 때, 20세기 말에 글을 통해 호소하는 것은 문화의 새로운 시대, 성적 차이의 시대를 창조하려는 시도라고 하겠다. 이 작업이 과거·현재·미래의 변화에 따른 역사의 현시점에서 무엇보다 중요하게 생각된다.

5. 나의 책인 《스페쿨룸(檢鏡)》이 출간되었을 때, 나는 의견을 말로 표현할 수 있는 자유를 어느 정도 저지당했다. 그리고 대학의 시간강사 자리를 포기해야 했다. 다행히 국립중앙과학연구소(CNRS)의 연구원 자리는 박탈당하지 않았다. 또한 다행히 글을 썼고, 내 글을 미뉘 출판사(Éditions de Minuit)가 계속해서 출간해 주었다. 그러므로 글쓰기는 나를 표현할 수 있는 수단이며, 말할 권리를 박탈당한 상황에서 의사소통을 할 수 있는 수단이다.

6. 말할 권리를 박탈당하는 것은 몇 가지 의미를 가지며, 또한 몇몇 형태로 나타난다. 누군가를 제도로부터 축출하고, 도시로부터 추방하려는 의식적인 의지로 나타날 수 있다. 이러한 태도가 부분적이나마 말하고자 하는 바는 다음과 같다. 당신이 하는 일을 이해할 수 없으므로 나와 더 나아가 우리는 그것을 거부한다. 이 경우에 글은 당신의 생각을 조만간 이해하게 될 남녀의 처분에 따르도록 대기할 수 있다. 이러한 필요성은 어떤 분야에 더욱 잘 적용되는데, 여러 가지 이유에서 새로이 성별화된 문화를 형성하려고 애쓰는 담화는 이러한 분야 가운데 하나라고 생각한다.

자르댕 여성으로서의 글쓰기, 이것은 과연 가치 있는 것이며 작가로서 실천하는 일의 일부가 되는 것인가요?

이리가라이 나는 여자입니다. 〈나〉라는 주체를 갖고 글을 씁니다. 여성의 가치를 경멸하지 않는다면, 또는 성적인 것이 의미 있는 주관적·객관적인 가치를 지닌 문화로 거부되지 않는다면 왜 여성으로서의 글쓰기가 가치 있는 것이 되지 않겠습니까? 그러나 도대체 어떻게 여성이면서 한편으로 작가가 될 수 있겠습니까? 말의 자동화 상태에 젖어 있거나 기존의 의미를 그대로 모방하는 사람들만이 여성으로서의 자아와 글쓰는 자아간의 분리나 분열을 유지할 수 있습니다. 나의 몸은 모두 성별화되어 있습니다. 나의 성욕은 나의 성이나 성적인 행동(제한된 의미에서)에 국한되지 않습니다. 억압의 영향, 특히 성적인 문화의 결핍 —— 세속적·종교적 —— 이 낳는 결과가 여전히 너무나 강하므로 「나는 여성이다」, 「나는 여성으로서 글을 쓰는 것이 아니다」와 같은 이상한 발언들이 유지된다고 생각합니다. 이러한 항의에는 남성들만의 문화에 대한 은밀한 예속이 또한 내포되어 있습니다. 과연 알파벳 문자는 가부장제 권력의 세속적·종교적 법전화에 역사적으로 결속되어 있습니다. 말과 문자를 성별화하는 데에 공헌하지 않는 것, 이것은 남성 족보와 그들의 논리적 기호체계에 특권을 부여하는 법과 전통의 그릇된 중성화를 영속화시키는 일입니다.

자르댕 오늘날 많은 여성들이 역사상 처음으로 대학이나 정신분석학계와 같은 제도 안에 있게 되었습니다. 당신의 생각으로는 여성의 이 새로운 위치가 여성들이 20세기의 규범이나 자료의 중심에 혹은 (항상) 각주에 들어가는 데에 도움이 된다고 보십니까?

이리가라이 현재 제도 안에서 일하는 여성이 그리 많지 않습니다. 제도 안에 속하더라도 경력상 올라갈 수 있는 등급이 정해져 있는 경우가 많지요. 극히 소수의 여성만이 최상급의 지위에 오를 수 있고, 그러기 위해 어떤 형태로든 매우 비싼 대가를 지불하게 됩니다. 전문직의 이름에 관한 열띤 토론을 보면 이러한 현실이 얼마나 사실인지 잘 알 수 있습니다.

그러나 20세기의 기억 속에 새겨지고 남아 있을 것을 쓰기 위해서는 그냥 제도 안에 있는 것만으로는 충분하지 않습니다. 제도 안에 있으면 생각을 급속히 전파할 수 있지만, 이것이 곧 역사적으로 중요한 충격이 됨을 의미하지는 않습니다. 제도 안으로 허용된 적지 않은 여성들이 현재와 미래를 형성하는 흔적으로 남을 문화가 아니라, 이미 지나간 문화에 대해서 말하는 것이 얼마든지 가능합니다.

지금 형성과정에 있는 이 문명이 어디에서 표현될까요? 글에서만 나타나지는 않으리라 확신합니다! 그러나 쓰여진 글의 경우만 볼 때, 각주는 여성들이 때로 가장 근접하기 어려운 영역입니다. 각주에는 실제로 이름과 책 혹은 논문의 제목이 인용되어져야 하고, 적어도 내가 알기로는 텍스트에 대한 정확한 참조사항을 기입해야 합니다. 어떤 여성들의 작품은 이미 전체 책의 목록에 들어가 있지만, 지은이에 대한 정확한 표시 없이 본문에 동화되는 경우가 왕왕 있습니다. 문화는 우리에게 어머니의 몸 — 자연적이며 정신적인 — 은 아무런 빚 없이 소모하면서도, 남성의 세계에 관한 한 그 소유를 이름으로 표시하도록 가르쳤습니다. 당신의 질문은 이것이 전혀 변하지 않아야 한다고 암시하는 듯하군요. 여성의 말은 단지 본문이나, 또는 자신의 이름을 쓰거나 서명하지 않은 텍스트의 각주에 그냥 머물러야 한다……. 그렇지 않으면 당신의 질문이 적절한 방법으로 표현되거나 해석되지 못한 탓일까요?

역사에서 가장 이해하기 어려운 문화적 기여는 문명의 발달과정에서 남녀가 공헌한 것이 다르다는 점입니다. 이러한 공헌의 차이를 인정하는 현실의 한 증거로 우리는 여성에 의해 서명되고, 남성의 것과는 대체될 수 없는 형태로 문화발전에 기여한 책들의 출판을 들 수 있습니다. 상징적 교환 질서의 변화를 나타내는 또 다른 표시는 남녀간의 진정한 대화를 보여 주는 텍스트가 많아졌다는 사실입니다.

자르댕　오늘날 우리는 문학·철학·심리학 이론에서 여성에 의해 이루어진 그 중요성이 인정되는 생산적 결과들을 접하게 됩니다. 이와 병행하여 학문 분야간의 경계나 글의 유형간의 경계를 허무는 새로운 유동성을 볼 수 있습니다. 병행하는 이 두 움직임이 여성을 단순히 남성의 곁에서 환영받는 존재로 만들 것인지, 아니면 이 범주를 결정적으로 흐트러 놓을는지요?

이리가라이　현대에는 학문이나 글의 유형간의 유동성이 별로 크지 않습니다. 지식과 기술의 다양한 분야는 지식의 형태간의 경계를 과거보다도 더 빈틈없이 만듭니다. 이전에는 철학자와 과학자 사이에 대화가 가능했었습니다. 오늘날, 그들은 쓰는 용어가 각기 다르기 때문에 서로에게 완전히 낯선 이방인일 경우가 많습니다.

철학·정신분석학·문학과 같은 학문 분야 사이에 새로운 교환의 장이 있을까요? 이것은 복잡한 물음입니다. 한 분야에서 다른 분야로 넘어가려는 시도를 할 수는 있겠지만, 성공하기에 필요한 능력을 항상 갖추지는 못하지요. 우리가 목격하는 것은 그들 문화의 기원으로 되돌아가려는 몇몇 철학자들이 사용하는 언어의 변화입니다. 니체와 하이데거, 그 이전에는 이미 헤겔이 그리스 문화의 기초인 종교적 토대에 대해 의문을 제기했고, 데리다는 《구약성서》와 자신의 관계를 문제삼았습니다. 그들의 이와 같은 태도는 비극·시·플라톤의 대화·신화적 표현·종교적 행동이나 우화의 형태에 가까운 스타일의 사용을 동반합니다. 이러한 회귀는 남성의 정체성이 가부장적이고 남성 중심으로 형성된 그 순간으로의 회귀입니다. 남성들이 스스로 이러한 질문을 하게 된 것은 여성들이 개인적인 주거와 침묵으로부터 벗어나왔기 때문일까요? 모든 후기 철학자들——

하이데거를 제외한—은 여성적 정체성, 때로는 여성적인 혹은 여성으로서의 그들 자신의 정체성에 두드러진 관심을 보입니다. 이것이 범주(catégories)의 구분을 흐려놓게 될까요? 그렇다면 어느 쪽 범주를? 누구의 이름으로? 혹은 누구를? 왜? 당신이 범주라고 부르는 것은 지식의 분야이지, 담화나 진실의 논리적 범주는 아니라고 생각합니다. 새로운 논리적 형태나 규칙의 형성은 새로운 주체적 정체성 및 의미를 결정하는 새 규칙에 대한 개념 정의를 동반합니다. 이것은 또한 여성이 문화의 생산 영역에서 남성의 곁에 그들과 더불어 자신들의 자리를 확보하기 위한 필수 조건입니다. 사회·문화적 권력을 장악하던 때를 돌이키면서 남성들은 이 권력을 버릴 방법을 찾고 있는 것일까요? 그러기를 바라는 바입니다. 이러한 의지는 남성들이 진리를 정의내리고 행사하는 일을 함께 하도록 여성들을 초대한다는 의미도 될 수 있겠지요. 그러나 달리 글쓰는 작업이 정치지도자의 성이나 그들의 세속적·종교적 담화에 아직까지 큰 변화를 초래하지는 못하였습니다.

이것은 단순히 인내의 문제일까요? 우리 자신을 위해 우리의 이름으로 정해진 결정에 직면해 인내해야 합니까? 내 생각으로는 물론 폭력으로 나가는 것은 해결책이 아니지만, 과학과 종교·정치의 담화에 하나의 정체성을 부여하는 방법을 우리는 모색해야 하며, 그 자체 온전한 주체로서 자리매김할 수 있는 길을 찾아야 합니다. 문학은 좋습니다. 그러나 사람들이 우선 돈이나 권력을 위한 경쟁 등에 혈안이 되어 있는데, 어떻게 남성의 세계로 하여금 사람들을 시적으로 통치하도록 이끌 수 있겠습니까? 그리고 우리의 정체성을 정의내릴 수 없고, 우리가 처한 족보상의 관계, 즉 사회·언어·문화의 관계에 대한 규칙들을 정의내릴 수 없다면 어떻게 여성으로서의 세계를 이끌어 나갈 수 있겠습니까? 이 일을 위해서 정신분석학은 만약 우리의 육체적·정신적 필요성과 욕망에 적합한 방법으로 사용될 수만 있다면 우리에게 커다란 도움을 줄 수 있습니다. 만약 우리가 남성 족보 세계의 이론과 문제에 의해 정의되거나 매료되는 일이 없다면, 정신분석학은 가부장제 문화를 탈피하는 데 도움이 될 수 있습니다.

자르댕 규범의 범주가 제기하는 문제와 정치가 이미 주어진 상황에서, 그리고 우리가 여기서 다루는 문제가 부여된 상황에서, 당신의 작품은 20세기의 규범 안에서 자리를 확보할 것인지, 그 안에서 어떻게 제시될 것인지 말씀해 주시겠습니까? 당신의 생각으로는 이 규범의 내용이 어떠해야 하리라고 보십니까?

이리가라이 이 질문에 대해 나는 당장 미래를 구축하려고 일하기보다는 미래를 예견하고 체계화하려는 의지를 원합니다. 현재에서 미래에 관심을 갖는 것은 확실히 미래를 미리 설계하는 것이 아니라 미래가 존재하도록 애쓰는 것을 말합니다. 말하자면, 당신의 에세이 10여 편이 서점이나 사설 및 공공도서관에 비치되는 그 순간부터, 그리고 그 글들이 여러 언어로 번역되는 그때부터 당신의 글은 20세기 규범 안에서 모습을 드러낼 기회를 갖게 됩니다. 그렇지 않으면 어떤 규범이든 모든 기회를 앗아가는 대변혁이 일어날 것일까요?

대변혁은 아마도 당신이 〈규범〉이란 말로 나타내고자 한 것의 일부를 형성할 것입니다. 실제로 나는 당신으로 하여금 〈규범의 범주가 제기하는 문제와 정치〉라는 말을 하도록 허용하는 것이 무엇인지 이해가 되지 않습니다. 당신의 제안은 마치 이 모든 것이 지금 결정되어 버린다고 생각하는 듯합니다. 마치 미래 속의 과거만이 존재하며, 20세기를 넘어 생존하는 남녀 독자들은 20세기의 규범을 정의하는 결정에 아무런 참여를 하지 않는다고 보는 듯합니다. 또한 당신은 하나의 규범만이, 하나의 내용만이 있다고 확신하는 듯합니다. 그런 점이 제게는 무척 놀랍습니다. 만약 하나만 있다면, 표현양식에 의해 엄격하게 계획되어져야 할 것입니다. 이것은 언어의 불변하는 틀(설계도)을 대변하게 될 것입니다.

당신은 여러 언어가 존재하며, 그 언어들은 변화·발전한다는 사실을 잊은 듯합니다. 예를 들어, 장르 문제에 관해 모든 언어들은 같은 방식으로 이 문제를 다루지는 않습니다. 당신의 가설을 따른다면, 어느 언어가 다른 언어를 잠식할지 알아야 한다는 문제에 봉착합니다. 바로 거기에 내가 찬성할 수 없는 대변혁의 한 지평이 있습니다. 그것은 모든 남녀를 위해 영원히 포괄적으로 계획된 명제가 있다는 믿음을 더이상 고수할 수 없는 것과 마찬가지입니다. 당신의 질문에 대해 다음과 같은 반응을 보일 수 있습니다. 미래는 주체를 강조하게 될 것인가, 객체를 강조하게 될 것인가? 의미의 전달과 교환을, 아니면 물질의 소유를 강조할 것인가? 특히 로마어와 게르만어에서 문법상의 성에 따른 다른 표현과도 일치하는 이 양자택일에 관해, 나는 고대의 문화적 전통이 주관적 측면에서는 좀더 초보단계에 머물러 있는 문명에 의해 폐지되는 것을 원치 않는다고 대답할 것입니다. 특히 내가 쓰는 언어 때문에 내가 속하게 되는 주체의 문화는 주체를 고려하지 않는 파괴의 의미 안에서가 아니라, 성별화된 주체의 문화라는 의미 안에서 성장하기를 바랍니다. 이러한 맥락에서 나는 20세기 문화의 기억 안에서 형상화되기를 바라며, 담화의 형태와 내용의 변화에 기여하기를 열렬히 희망합니다. 나에게 이러한 바람은 과거나 현재보다 좀더 문화화된 미래에 대한 희망, 〈규범〉이란 단어가 환기시키는 종교적 차원을 포함하여 모든 상징적 교환이 현재보다 더 자유롭고, 정당하고, 발전된 미래에 대한 희망을 동반합니다.

자르댕 1974년, 《스페쿨룸》이 출간될 당시, 남성적 자료 안에 여성의 신체를 도입하는 것이 필요 불가결한 전략이라는 생각에 대해 지금도 그때만큼 확신하십니까?

이리가라이 도대체 《스페쿨룸》이 미국에서 어떻게 번역되었길래 이 책에 대해 이토록 그릇된 오해의 말을 듣게 되는지 모르겠습니다. 물론 이 책은 사고의 새로운 지평을 정의하기 때문에 어려운 책입니다. 《스페쿨룸〉은 또한 글쓰기가 프랑스어 단어의 동의성과 동음이의성, 그들의 구문적·의미론적 모호성을 이용하고 있다는 점에서 번역하기가 까다롭습니다. 이런 면에서 사실 이 책은 번역이 불가능합니다. 그러나 제 생각에, 이러한 오해는 번역 이외에 또 다른 요인들에서 생겨났다고 봅니다. 그중 하나는 실제로 텍스트를 읽지 않고, 소문이나 여러 견해에 의지해 정보를 왜소화한 탓이라 여겨집니다.

《스페쿨룸》은 〈남성적 자료〉에 〈여성의 신체〉를 도입하라고 제안할 수는 없습니다. 여성의 몸은 항상 남성적 자료 안에서 형상화되며, 철학 안에서 찾을 수 있는 것이 사실이지만 항상 철학 안에 존재하는 것은 아니기 때문입니다. 나는 분명히 이 사실을 잘 알고 있습니다. 《스페쿨룸》은 한 성이 다른 성에 대해 사용·교환·대표 등에서 독점적 권리를 갖는 것을 비판합니다. 이 비판은 책의 서명자 뤼스 이리가라이라는 한 여자의 자기 몸에 대한 자기-애, 자기-표상의 현상학적 발전의 시초와 더불어 이루어집니다. 이러한 출발이 의미하는 것은 여성의 몸이 남성 담화나 그들의 다양한 예술의 대상으로 남아 있지 않고, 여성 자신이 체험하고 동일시하는 여성 주체의 대상이 된다는 것입니다. 이러한 연구는 여성에게 그들의 몸에 적합한 형태-논리를 제시하려고 시도합니다. 또한 남성 주체에게 자신을 주체 사이의 교환의 시점에서 본 신체로 재정의하도록 권장하려는 의도를 갖습니다.

사회·문화적 변화를 위해 일하는 것, 이것이 내 책의 기초를 이룹니다. 그 주안점이 문화의 한 영역에서 다른 영역으로 옮겨지며, 어떻게 그것이 형성되었는지 다시 생각해 보게 됩니다. 당신의 질문에서, 성별화된 몸이 주체와 문화의 정의 속에 도입될 수 있다는 사실 앞에 놀라게 되는 것이 아닐까요. 이러한 차원의 연구가 특히 무의식의 발견과 다양한 인간 해방 운동에 이어 우리 시대의 임무 가운데 하나라고 생각합니다.

1987년 9월

1) 이 질문들은 앨리스 자르댕과 앤 멘크(미국 하버드 대학교)에 의해 만들어졌다. 여성의 글쓰기에 대한 조사의 한부분을 이룬다.

7

나는 에이즈에 걸리지 않을 것이다

얼마 전 나는 총명하고 정치적 성향이 강한 25세의 철학 전공 남학생으로부터 에이즈 덕분에 새로운 성윤리가 확립될 것이라는 말을 들은 바 있다. 성 파트너들은 몇 군데의 성감대를 피해야 하는데, 특히 남성들은 자신들의 욕망을 보다 품위 있게 다듬고 고도로 세련되게 만들어야 하는 상황에 봉착하게 될 것이라고 그 남학생은 말했다. 그는 자기와 가까운 몇몇 부부를 그 실례로 들었다.

나는 이 남성의 진지함을 추호도 의심하지 않는다. 게다가, 이전에 이와 비슷한 식의 의견을 에이즈를 주제로 한 텔레비전 프로그램에서 들은 적이 있다. 이러한 화제는 내게 비극이면서 동시에 희극으로 생각된다. 우리와 같은 문명, 이른바 발달된 문명은 사랑행위를 진전시키기 위해 재난을 필요로 한다는 것이다. 이러한 성윤리의 개념은 서구의 종교가 지니고 있는 가장 억압적이고, 이데올로기적인 개념의 악취를 풍긴다. 종교의 개념으로 볼 때, 정화되려면 시련을 달게 받아야 한다. 성행위는 죄악이며 병든 상태이다. 무엇이든지 이 성행위의 실천을 억제하는 것은 결국 구원에 이르는 길이 된다. 그러므로 우리를 유혹에서 구제하는 것으로 보이는 이 행운의 에이즈는 우리를 양식良識의 길로 인도하며, 또 그러는 가운데

예기치 않게 어느 정도 생명의 탄생을 제한하게 된다는 것이다!

에이즈에 감염된 남녀들이 그들의 고통을 보상할 만한 몇 가지 위로책을 발견할 수만 있다면 나는 기쁘다! 하지만 만약 자유롭고, 해방되고, 건강하다고 일컬어지는 사람들에게 에이즈가 해결되지 못한 우리들의 성문제를 풀 수 있는 한가닥 해결책으로 보인다면, 이는 이 문제에 관한 한 우리 문화의 후진성을 입증하는 셈이다. 오늘날 에이즈를 비롯한 여러 가지 현대병이 만연되어 있는 원인 가운데 하나는 바로 이러한 저개발 상태에서 찾을 수 있을 것이다.

무엇이 우리를 병들게 하는가?

사실상, 사람들은 아무 때나 단지 기분 때문에 병들지는 않는다. 신체 전체가 감염되기 위해서는 신체의 균형이 깨져야 된다는 선조건이 필요하다. 이 사실은 어떤 종류의 병이든지 다 적용되는 진실이다. 면역성을 지닌다고 일컬어지는 병의 경우에도 이 가슴 아픈 사실은 분명히 적용된다. 그러나 실제로 온갖 병이 발생하게 되는 이유는, 우리가 병에 걸릴 때 발병의 인자로부터 자신을 분리시킬 수 없는 상태가 우리에게 갑자기 엄습하기 때문이다.

그렇다면 오늘처럼 문명이 발달한 시대에 왜 이와 같은 병이 만연하는가? 내가 세운 가설은 이 현대 문명 때문에 우리의 신체와 정신은 끊임없이 스트레스와 긴장의 공격을 받게 되며, 그 공격으로 말미암아 차츰 우리의 면역 조직은 파괴되고 만다는 것이다. 의사들이 이러한 점에 대해 지적하지 않고 있다는 것은 충격적인 일이다. 의사들은, 어떤 의미에서 〈히포크라테스 선서〉에 거역하고 있는 것은 아닐까? 그들은 이익이 상승하는 한, 병의 확산에 흥미를 느끼고 있는 것일까? 금전적 이득 혹은 자기

만족적 보상이라는 측면에서 질병의 증가는 의사들에게 이득인가? 아니면 그들은 의사로서 갖추어야 할 이성을 잃은 것인가? 과학기술의 매체를 습관적으로 사용해 온 그들이 아직도 건강하게 살아 숨쉬는 신체가 무엇인지 알고 있을까? 예컨대, 그들은 그 무엇보다도 소음 때문에 생긴 지속적인 스트레스로 인해 우리 신체 내의 생물학적인 질서, 특히 호르몬이 약화되고, 암·에이즈 등의 병에 걸리기 쉽게 된다는 당연한 사실에 의문을 품고 있지는 않을까? 이것은 또한 불임의 원인이 될 수도 있다. 이것이 바로 가능한 원인이라고 생각하고 바로 이것이다라고 큰소리로 외쳐댈 수 있는 여성 정신치료 의사가 필요한 것이 아닐까?

누군가를 치료하는 일은 좋은 일이다. 하지만 병을 예방하는 일이 더 좋은 일이다. 누군가의 생명에 의학적으로 관여하는 일은 환자의 영역에 방해꾼으로 침범하는 것과 같다. 말하자면, 이러한 일은 환자의 세계에 침입하여 그들을 의존자로 만들고, 그들과 종속적인 관계를 맺는 일이다. 또한 이 일은 환자들의 발언권을 빼앗는 일이기도 하다. 그 이유는 자주 의사들이 특정한 진단을 내리거나 치료를 하면서 사용하는 의학상 전문용어나 설명을 환자들은 전혀 이해하지 못하기 때문이다.

소란스러운 성의 권력

의사와 환자의 관계는 아직도 수많은 커플 사이의 관계를 지배하고 있는 성적 관계와 어느 정도 유사하다. 문제가 되는 것은 의사의 전문성이 아니라 성교육이다. 그 이유는 이 관계가 사생활에 국한된 것이 아니라 사회적인 관계 전반의 문제이기 때문이다.

물질적이든 정신적이든 떠들썩하게 소란을 피우는 권리를 갖는 것은 남자의 특권이다. 타인의 면전에서, 특히 여성들 면전에서 굉음을 내는 기계를 조작하기만 하면, 대부분의 남자들은 결국 만족하고 만다. 남자들의 사회적 불만상태는 자동차 바퀴를 조작하면서 서서히 사라진다. 이때 그 기계가 내는 음향의 성능은 남성들의 성적 능력을 입증한다. 더이상 어떠한 소리도 내지 못하는 기계를 상상해 보자. 이 경우, 남성들은 에이즈가 요구하는 것보다 훨씬 더 심한 성적 무능의 고충을 경험하게 될 것이다. 내가 오늘날의 어머니들께 제안하고 싶은 점은 딸을 아들처럼 키우라는 것이 아니라, 아들을 성적 측면에서는 남성이면서도 딸과 똑같은 사회적 미덕을 갖출 수 있는 아들로 키우라는 것이다. 즉, 침묵을 지키고 잔잔하고 조용히 말할 수 있는 법을 아는 남자, 소란스럽게 놀거나 전쟁과 같은 호전적인 놀이를 하지 않는 법을 아는 남자, 다른 사람들에게 세심한 배려를 보이고 겸허하며 인내할 수 있는 법을 아는 남자 등등. 단순한 예절과도 일치하는 이러한 문화적 관습을 중요시하는 일은 남성의 성행위에 아무런 해도 입히지 않을 것이다. 오히려, 이것은 성행위에 관해 최근에 밝혀진 연구에 따르면, 아무런 가치 없고 무익하기 짝이 없는 이러한 판에 박힌 사회적인 역할 수행에 남자들이 쓸데없이 에너지를 소비하는 일을 미연에 방지하자는 것이다. 오늘날 교양에 바탕을 둔 세련된 성의 실천은 무기의 사용, 소란스런 과시 혹은 정당성을 주장하고 호전적인 태도로 이론을 들먹거리며 거만스럽게 떠들어대는 일과는 반드시 구별되어야 한다.

우리의 성의 해방은 아무도 감지하지 못할 정도로 세밀하게 사회·문화적 환경을 변화시켜야 한다. 남자들에 의해 작동되는 기계들은 여성들의 손 안에서 묵묵히 돌아가는 기계들처럼 더이상 소음을 내지 말아야 한다. 그런데 신기하게도 어떤 것은 우리의 생활 전역을 침범하는 한편, 다른 것들은 튼튼하게 지어진 집의 벽을 넘어가려고 하지 않는 것과 같다. 이와 마찬가지로 남자들간의 혹은 사람들간의 갈등은 예의바르고, 온건하게, 적어도 여성과 어린이를 소음이나 해악으로 방해하지 않으며 조심스럽게 다루어져야 한다.

진실로 자유로운 성행위

틀림없이 많은 사람들이 내가 주장하고 있는 모든 것을 농담이라고 생각할 것이다. 그러나 전혀 그렇지 않다. 정치 분야에서 전형적으로 나타나고 자유 시민의 태도를 규제하는 행동, 거액의 자본을 삼켜 버리는 행동, 군사 방어의 명목으로 환경을 오염시키는 행동, 현재 우리의 생명과 심신의 건강을 위협하는 행동, 이러한 온갖 종류의 행동들이 어느 정도까지 남자들간의 기묘한 성적 유희의 소산이라고 상상해 보는 일은 분명히 어려운 일이다. 불행하게도, 그들이 수세기 동안 우리의 삶의 기본 골격을 짜왔다. 우리의 문명은 그 나름대로의 생명의 꽃을 피우게 되었을 때, 그동안 자신이 획득해 온 것을 모두 파괴시키는 습관을 지니고 있는데, 이것 또한 안타까운 일이다. 이 체계는 프로이트에 의해 긴장·방출·균형으로의 회귀 3단계로 설명된 남성의 성적 체계와 기이할 정도로 유사하다. 그러나 이 체계는 어디서나 언제나 우리의 법의 기초가 된다. 직접·간접적으로, 심지어는 의학의 도움을 통해 우리가 병드는 것은 바로 이것 때문이다.

소위 말해, 유일하고 남성적인(기껏해야 중성적인!) 성행위에 부응하는 이러한 문화적 상황으로부터 우리가 빠져나올 수 있는 출구는, 확실히 아들을 다른 방법으로 교육시키고, 그리하여 남성들의 사회 행동을 수정하는 일에서 찾아야 할 것이다. 전쟁에 대한 끊임없는 비난과 동시에 전쟁의 냄새가 물씬나는 장난감 및 게임이 판을 치고, 공격적인 시민의 이미지와 행동이 늘어만 가는 추세에서 이 방법이 특별히 필요하다고 느낀다. 이러한 호전적 장난감·게임·이미지·행동의 확산은 어린이나 어른의 심경에 평화와 청정함을 심어 주는 일과는 아무런 관계도 없기에 그 필요성을 절실히 느낀다.

성욕을 계발한다는 것은 (하나 이상의) 자식을 낳는 일과는 무관하며, 오히려 성적 에너지를 다른 사람들과의 쾌적하고 풍요로운 공존의 방향으로 변화시키는 일과 관련된다. 사회는 성욕의 억압·부정 혹은 소멸을 요구해서는 안 되며, 또 성욕을 유아기나 동물적 차원에 머물게 해서도 안 된다. 오히려 성욕은 개인적·집합적 주체성으로, 즉 자기 자신, 자신의 성과 다른 성을 지닌 사람들, 국민 전체, 일반 사람들을 존중할 줄 아는 주체성으로 통합되어야 한다. 이를 달성하는 일로부터 우리는 얼마나 멀리 떨어져 있는가! 병에 호소하여 우리의 문제를 해결하는 일, 홧김에 혹은 무력감 속에서 장난감이나 문화를 부수는 식으로 주체성을 파괴하는 일은 지나치게 유아적이고 책임 없는 성행동이다.

1987년 10월

8

성과 언어의 성

공적인 세계에 참여하게 됨에 따라 여성들은, 여성 동지들은 물론이고 남성들과도 사회적 관계를 맺게 되었다. 이 관계의 성립으로 인해 문화적 변화, 특히 언어적 변화가 불가피하게 일어나고 말았다. 남성 대통령이 여왕 폐하를 만날 경우, 〈그들이 서로 만나다(Ils se sont rencontrés)〉라고 말하는 것은 거의 문법상 변칙에 가깝다.[1] 이러한 어려운 문제를 다루는 대신, 사람들은 단지 남성 혹은 여성 어느 쪽이든 문법상 하나의 성에 의해서만 지배를 받으면 더 나을 것 같다는 생각을 무심코 하고 있을 뿐이다. 언어의 규칙에 지나치게 중요성을 부여한 나머지 이와 같은 막다른 골목에 다다르게 되었는지도 모른다. 애석하게도, 아직은 이러한 중요한 논점에 대해 일부 여성들은(이들 가운데 페미니스트도 포함되는데 —— 다행스럽게도 페미니스트 전원은 아니지만) 자신들이 권리만 누리게 되면 문법상의 남성형으로도 충분할 것이라는 반론을 제기할 태세를 갖추고 있다. 하지만 문법상의 성을 중성화하는 작업은, 성별에 따라 특이하게 형성된 주체성간의 차이를 없애 버리고 문화가 형성한 성을 점차 배제하는 일과 같다. 문법상의 성을 철폐하게 된다면 우리는 엄청난 퇴보, 즉 우리 문명이 분발해도 회복할 수 없는 엄청난 퇴보를 맞게 될 것이다. 반대로 우리에게 필요하고 시급한 일은 남녀가 평등한 주체적 권리를 갖는 일이다. 여기서 평등은 분명히 이질적이지만 평등한 가치를 지니는 것을 의미하고, 주체성이라는 것은 교환제도에서의 동등한 권리를 의미한다. 따라서 언어의 문화적 불공평과 그것에 내재된 일반화된 여성 차별의 문제가 언어적인 견지에서 분석되어야 한다. 이러한 것들은 문법이나 어휘, 나아가 단어의 문법상의 성이 함축하는 의미에서 발견될 수 있다.

다소 남성적인

수세기 동안 무엇이든지 가치가 높은 것에는 문법상 남성형을, 무엇이든지 가치가 저급한 것에는 여성형을 써왔다. 그래서 (프랑스어에서) 태양(le soleil)은 남성, 달(la lune)은 여성이었다. 그러나 우리의 문화에서 태양은 남성 신들에게 귀속되어 왔다. 이러한 것들은 불변의 진리는 아니며, 오랜 기간에 걸쳐 문화·나라·언어에 따라 각기 다른 속도로 변화해 온 자료들이다. 단어의 문법상 성으로서의 남성이 암시하고 있는 긍정적 의미는 주로 남성이 신격을 획득함으로써 확립되었던 가부장제 남성 중심적 권력의 시기에서부터 그 유래를 찾을 수 있다. 이것은 부차적인 문제가 아니다. 이것은 아주 중요한 문제이다. 신의 권력이 없었다면 남성들은 모녀관계와 그 관계에 배당된 자연과 사회의 관계를 밀어내고 그 자리를 차지할 수 없었을 것이다. 그러나 남성은 보이지 않는 아버지, 아버지인 언어를 스스로에게 부여함으로써 신이 되었다. 남자는 말씀으로서 신이 되었고, 말씀은 육신을 창조하게 된다. 정액이 발휘하는 힘이 출산의 과정에서 곧장 눈에 띄는 것은 아니었다. 이러한 이유로 정액의 힘은 언어적인 코드인 로고스(logos)로 교체되었다. 그리고 이 로고스는 포괄적인 진리가 되기를 원했다.

남성들의 이 언어 코드의 획득은 적어도 아래와 같은 세 가지 일을 시도한다.

1. 남성이 아버지라는 것을 증명하고,

2. 남성이 어머니-여자보다 권력이 세다는 것을 증명하고,

3. 남성이 여자의 난자·자궁·몸이라는 자연의 영역에서 산출되었던 것과 마찬가지로 남성이 문화의 지평을 산출할 수 있음을 증명하고자 했다.

권력을 잃지 않는다는 것을 보증하기 위해 다수의 남성들은 의식적으로 혹은 무의식적으로 무엇이든지 가치 있는 것은 남성의 이미지와 그 문법상의 성에 부응하는 것으로 표현한다. 대부분의 언어학자들은 문법상의 성은 자의적이며 성적인 내포(connotations)와 외연(dénotations)과는 무관한 것이라고 주장한다. 실제로 이것은 사실이 아니다. 언어학자들은 이 문제에 대해 숙고해 보지 않았다. 이 문제는 그들에게 중요한 것으로 부과되지 않았다. 언어학자들이 제창한 개인적 주관의 이론은 보편화된 자의성으로 간주되며, 남성형으로 평가받는 것에 만족하고 있다. 단어의 문법상 성에 관한 끈기 있는 연구는 그 단어가 감추고 있는 성을 거의 언제나 명백히 밝혀 준다. 이러한 은닉된 성이 즉시 표현되는 일은 극히 드물며, 곧바로 언어학자는 소파(un fauteuil) 혹은 성(un château)은 의자(une chaise)나 집(une maison)이 남성이 아닌 것과 마찬가지로 〈남성〉이 아니라고 반박할 것이다. 언뜻 보면 그렇다. 그러나 조금만 생각해 보면 전자(소파·성)는 후자(의자·집)보다 더 높은 가치를 내포하고 있음을 알게 된다. 여성형인 후자가 우리 문화에서 단순히 실용적인 반면 전자는 보다 호화롭고, 장식적이고, 또 상류계급의 재산으로 구별될 수 있다는

점에서 주목된다. 사전에 수록된 모든 어휘를 정밀하게 분석하면 은밀하게 숨어 있던 성이 이런 식으로 나타나게 될 것이다. 이때 은닉된 성은 아직은 해석되지 않고 있는 통사법에 귀속된 모든 것을 의미하게 된다. 또 다른 예를 들어보자. 컴퓨터(l'ordinateur)는 물론 남성 명사이고, 타자기(la machine à écrire)는 여성 명사이다. 가치란 중요하게 여겨지는 것이다……. 무엇이든지 가치를 가진 것은 분명히 남성형이다. 다시 한번 예를 들면, (남성형인) 비행기(un avion)는 (여성형인) 자동차(une voiture)보다 우월하며, (남성형의) 콩코드(le Concorde)는 말할 것도 없고, (남성형의) 보잉기(le Boeing)는 (여성형의) 카라벨(la Caravelle)보다 우수하다……. 각각 문법상 성에서 반대되는 이러한 예를 통해 우리는 보다 복잡한 설명을 할 수 있다: 1)문법상의 성은 접두사 혹은 접미사이며, 단어의 어근에서 기인하는 것이 아닐 가능성이 있다는 점, 2)문법상 성의 결정은 용어가 어휘록에 포함되는 시대에 달려 있으며, 그 시대에 따라 문법상 남성·여성의 상대적 가치가 좌우될 가능성이 있다는 점(이런 점에서 이탈리아어는 프랑스어보다 훨씬 일관성을 결여한 여성 차별적 언어이다), 3)가끔 문법상의 성은 수입원인 언어에 의해 결정된다는 점이다. 예를 들어, 영어로부터 수입된 다수의 단어는 프랑스어로는 남성형이 된다는 점도 설명해 낼 수 있다.

정체성 혹은 소유 재산으로서의 문법상의 성

문법상의 성이 어떻게 단어의 속성이 될 수 있는가? 이것은 다양한 차원에서 각양각색의 방식으로 이루어진다. 고어古語의 경우, 명명된 현실과 화자의 성별간에 동일화가 있다고 생각한다. 대지(la terre)는 여성이며, 하늘(le ciel)은 그녀의 남동생이다. 태양(le soleil)은 남성, 남성 신이며,

달(la lune)은 여성, 남성 신의 누이동생과 같다. 이러한 최초의 동일화가 어떠한 형태로 항상 단어의 문법상 성에 존재한다. 그것이 명백하게 드러나거나 감추어진 정도는 다양하다. 그러난 지시된 현실과 문법상의 성 사이에서 벌어지는 동일화와는 별도로 또 다른 종류의 현상이 작동하고 있다. 실체, 즉 살아 움직이고 연마된 교양을 지닌 생물은 남성형이 되었고, 생명이 없는 것, 즉 생기와 교양이 결핍된 무생물은 여성형이 되었다. 이 것은 남성이 주체성을 자신에게 귀속시키고, 여성은 무생물이나 무의 상태로 전락시켰음을 의미한다. 이 말은 단어의 문법상 성이나 실제 여성에게나 똑같이 진실이다. 〈거두어들이는 사람(le moissonneur)〉은 남자이다. 하지만 설령 언어학자나 법률가나 최근에 활발히 이루어지고 있는 직업의 이름에 대한 논의에 따라, 수확을 거두어들이는 여자를 명명하여 〈거두어들이는 사람(le moissonneur)〉의 여성형인 〈거두어들이는 여자(la moisson-neuse)〉[2]라는 명사로 부르기를 원한다 하더라도, 이 명사는 주체성을 가진 여성을 지칭하는 데 사용되지 않는다. 거두어들이는 사람의 여성형은 의미상 거두어들이는 기계를 지칭한다. 즉, 거두어들이는 남자가 사용하는 편리한 도구이다. 거두어들이는 사람의 여성형은 어디에도 존재하지 않는다. 이러한 식의 상황은 상류 전문직업의 경우 훨씬 더 우스꽝스럽게 보인다. 상류 전문직업의 경우, 가끔 우리는 문법상의 성의 배분이 그 직업 내의 위계 질서를 반영하고 있음을 직시하게 된다. 국무장관(le secrétaire d'État)이나 당서기(le secrétaire de parti)는 남성형이고, 속기비서(la secrétaire sténo-dactylo)는 여성형이다.

　세계를 창조하고 조직화하는 일에 성별화된 커플은 존재하지 않는다. 남성은 여성형의 도구와 대상으로서의 여성에 둘러싸여 있다. 남성은 동등한 권리를 지닌 성별화된 주체로서의 여성과 함께 세계를 운영하지 않는다. 오직 언어의 변화를 통해서만 이러한 일이 가능해질 수 있다. 그러나 이러한 변화는 우리가 다시 한번 문법상의 여성형을 재평가할 경우에만 일어날 수 있다. 실제로 처음에는 단지 다르다라는 의미였던 여성형이 오늘날에는 비남성형으로 동일시되어 사용되고 있다. 여성은 남성, 즉 인간이 아니다라는 것과 같은 이야기이다. 이것이 바로 정신분석의 입장인 남근 선망의 이론과 실천으로 우리에게 냉철하게 알려 주고 있는 내용이다. 이 정신분석적 입장이 표명하는 사실은 오직 문화의 특수한 어느 한 시대와 언어의 한 가지 특수한 상황에서만 합치된다. 여기서 여성은 〈남성이 되는 일〉을 통해서 남성이 지닌 것과 남성의 부품에 대한 간절한 욕망을 지니게 되는 과정에서가 아니라, 자신의 신체상의 성과 문법상의 성의 표현을 재평가하는 여성이란 주체, 즉 주어가 되는 과정에서 해방을 경험한다. 이 두 가지는 완전히 다른 문제이다.

재산의 평등한 소유를 통한 해방, 그리고 동량의 가치를 지닌 주체성을 획득하는 일로서의 해방, 이 두 가지 해방 사이의 오해가 요즈음 일부 사회적 이론과 실천에서 일어나고 있다. 정신분석이 바로 그 한 예이고, 어떤 의미에서 마르크스주의도 이러한 부류에 포함된다. 정신분석과 마르크스주의의 담화(discours)는 남성에 의해 정성스럽게 다듬어졌다. 이들 담화는 (독일어와 영어를 포함한) 게르만어로 표현되었다. 현재 이들 담화는 게르만어가 통용되는 나라의 여성들에게 비교적 호평을 얻고 있는데, 이는 게르만어의 경우 문법상의 성이 주체-대상의 관계를 통해 표현되기 때문이다. 게르만어에 속하는 일련의 언어에서 여성은 그녀의 페니스(sa pénis)를 갖지 못한다 해도 그녀의 남근(sa phallus)을 지닐 수 있다.[3] 그래서 독일·영국 혹은 미국 여성들 가운데 일부는 재산 소유의 관계에서 평등을 요구하고, 그 재산을 문법상 자기의 성으로 표시할 수 있다. 이러한 작업을 성취한 이들 게르만어 사용국의 여성들은 주체와 주어를 일치시키는 문법상의 성에 대한 권리를 포기하고, 성별화된 신체와 〈실체론자〉·〈존재론자〉·〈관념론자〉 등으로 분류되는 언어 사이의 의식적인 결합을 비판할지도 모른다. 이것은 여성들이 개인의 신체, 사회적 신체, 그리고 언어체계 사이의 관계에 대한 이해를 결여하고 있음을 보여 준다. 이러한 몰이해는 소위 여성의 해방을 부르짖는 세계에서 발생되는 수많은 오해를 영속화한다. 많은 앵글로색슨—— 그리고 일반적으로 게르만어를 쓰고 있는—— 페미니스트의 경우, 그녀의 해방에 필요한 것은 대학의 교수직을 얻거나 자신의 책을 쓰는 일이다. 앵글로색슨 페미니스트에게 중요한 것은 그녀의 직장(sa poste)과 그녀의 책(sa livre)의 문제이고,[4] 이러한 것에 대한 소유권 획득은 그녀를 만족시키기에 충분해 보인다. 나의 견해로는 자유로운 여성의 주체가 되어야 한다는 것이다. 언어는 이러한 해방을 표현하는 근본적인 생산도구이다. 여성이 남성과 동등한 주체적 권리를 유지하고, 언어 활동과 대상을 남성과 서로 교환할 수 있도록 나는 언어의 변화를 촉구해야 한다. 여성 해방운동의 한쪽에서는 재산의 소유와 관련한 평등한 권리 획득에 중점을 두었다. 즉, 여성과 남성의 차이는 이미 획득하고 소유한 재산의 성질이나 양, 때로는 질에 달려 있다는 주장이다. 다른 쪽 여성 운동의 경우, 성의 해방이란 여성으로서의 자신에게 가치를 부여하는 개인적·집단적 주체성의 지위에 도달할 것을 요구하는 일을 의미한다. 그리고 이 여성 운동의 중점은 남성 주체와 여성 주체 사이의 상이한 권리에 놓여지게 된다.

직업의 성

남성이 소유한 재산과 동등한 양의 재산을 소유한다는 것은 로마어를 사용하는 여성들에게는 문법상의 성의 문제를 해결해 주지 못한다. 이러한 재산이 그 주체의 소유권을 표시하지 못하기 때문이다. 남자이건 여자이건 우리는 〈나의 아이(mon enfant)〉 혹은 〈나의 남근(mon phallus)〉(?)이라고 말한다. 따라서 가치 있는 〈대상〉의 경우, 그 소유권의 표시는 동일하다. 다른 〈대상〉의 경우를 살펴보면, 여성에 의해 조작되거나 획득될 가능성이 있을 때 그 가치가 일반적으로 저하된다. 그러므로 대상과 그것을 얻는 문제는 모든 언어에 깃들어 있는 성별화된 권리의 불평등을 해결하지 못한다. 게다가 어느 언어의 경우에서든 그 문제가 해결될 것으로 보이지는 않는다. 그것은 단지 어느 정도 긴박성을 지닌 요구만 만족시킬 수 있을 뿐이다.

직업명의 문제가 상당히 포괄적으로 다루어져 어느 정도의 성공을 거두었다면, 이는 이러한 이름이 주체와 대상, 대상과 주체 중간쯤에 위치하기 때문이다. 물론 이것은 직업상의 지위를 획득하는 일 혹은 직장에 취직하는 문제이지 어떤 대상의 경우처럼 소유될 수는 없다. 이러한 직업은 주체적 정체성을 구성하는 데 충분하지는 않지만 꼭 필요한 일부이다. 게다가 이러한 요구는 남성의 세계에 이미 존재하는 다수의 사회적 요구와 손쉽게 결합한다. 그러므로 이 논점은 비교적 용이하게 제기된다. 사람들은 일반적으로 이 문제에 동의를 표한다. 가끔 제기되는 유일한 반대 의견은 언어학적으로 이미 코드화된 대로의 현실(그래서 〈탈곡기(moissonneuse)〉·〈의학(médecine)〉과 같은 여성형 명사는 사물의 이름이 되거나 직업상의 전문 분야를 지시하는 명칭이 되었으며, 더이상 사람들을 지칭하는 이름이 아니다. 때때로 직업 명사에 부응하는 여성형은 아예 존재하지도 않으며, 있다고 하더라도 그것은 다른 직업을 지칭한다)[5]과 여성에게 허용 가능한 접근 수준에 따른 사회적 저항이다. 그러나 이러한 직업 명사의 문법상의 문제에 대한 논의에서 언어에 개입된 여성 차별의 문제는 거의 취급되지 않았으며, 제안된 해결책도 자주 그것이 제기하고 있는 문제의 주변을 지나갈 뿐 문제의 핵심은 회피하려는 경향이 있다.

1987년 10월

---

1) 이리가라이는 프랑스어의 복수형에서 남성과 여성이 합해졌을 경우, 항상 남성형을 쓰는 규칙에 대해 언급하고 있다(제3장 〈여성의 담화와 남성의 담화〉 참조). 이 경우

(선출된 대통령일지라도) 일반 시민과 비교할 때 여왕 폐하가 사회적 관습상 더 우월하나 남성형으로 모두 표현할 수밖에 없는 모순을 지적하고 있다.

2) 프랑스어에서 접미사 〈euse〉는 여성형을 나타낸다.

3) 프랑스어에서 소유격은 영어에서처럼 소유자와 일치하는 것이 아니라 소유된 대상과 일치한다. 비교점을 잘 드러내기 위해서 이리가라이는 남성 명사인 남근(phallus)과 페니스(pénis)에 대해 남성 단수 소유격 〈son〉 대신에, 여성 단수 명사에 대한 소유격인 〈sa〉를 쓰고 있다.

4) 대학의 교수직과 책명은 프랑스어에서 모두 남성형인데, 이리가라이는 여기에서 남성 소유격을 여성 소유격(sa)으로 바꾸어 사용하고 있다.

5) 제15장 〈언어의 대가〉 참조.

9

생명의 권리

「이탈리아는 체르노빌 사고로 충격을 받고 70에서 80퍼센트의 사람들이 원자력 반대 입장을 표명했다.」이와 같은 표현으로 이탈리아의 여론 조사 결과가 발표된 것을 들었다.[1] 다른 장파長波의 전파 장해 때문에, 처음에 나는 이탈리아인이 재판관의 권력에 관해 무엇을 결정했는가 알 수 없었다. 나는 두 가지 답을 원했으나 단 하나의 답밖에 얻지 못했다. 그것도 병든 나라라는 진단과 함께.

이는 나의 의견이 아니다. 그러나 이탈리아에 대한 나의 공감이 이 여론조사와 나 자신의 의견과의 비교를 허락하고 있는데, 1986년 이탈리아 공산당 여성제에서 내가 부분적으로 펼친 원자력에 대한 의문(《성과 친족 관계》에 실린 〈살아갈 기회〉[2] 참조)이 일부 매스미디어로부터 이와 같은 진단을 받는 결과를 초래했다. 나는 테크놀로지의 진보를 〈두려워〉하게 되었다……

정치의 책임

신체나 정신병의 진단을 생명보호 정책노선과 연결짓는 것은 완전히 놀라운 인식 부족을 드러내는 것이라 생각한다. 돈의 절대적 권력과 결탁한 이성의 제국주의라고 하는 형태의 특징으로도 생각된다. 건강하기 위해서 실리적 도구의 약간 맹목적이라고도 할 수 있는 발달에 찬성하는 입장을 표명하게 될 것이다. 극단적으로 말하면, 이익을 얻고자 하는 사람이 더이상 없다고 하더라도 대단한 일이 아닌 것이다. 중요한 것은 이윤 추구야말로 목적이었음을 증명하는 것이다. 예를 들면, 인간 생명에 대한 배려는 다양한 테크놀로지의 발전에서만 승리가 있다고 보는 금융전쟁 속에서 그리 대단한 것이 되지 못한다. 예방의학을 무시하고 고도로 발달된 의학만이 필요 이상으로 칭찬을 받고 있는 점도 생각하지 않는 것은 아니다. 의학 및 생물학상의 발견에 대한 신앙은, 첫번째로 우리들 문화의 일상적 위험을, 그리고 두번째는 의학 그 자체가 일으키는 해로움을 충분히 이해하지 못하고 있는 듯하다. 이러한 확인을 하는 데 있어서 현명하다고 생각되는 사람들로부터 얻어지는 유일한 답은 〈이전에도 더 나을 것이 없었다……〉이다.

이탈리아의 여론조사에서 질문되어진 두 가지 논점이 생명권리에 의해 올바르게 결부되어 있다고 생각되었다. 국민투표의 필요성은 현대에도 생명보호에 대응하는 민법이 결여됨을 보여 준다. 그러나 국가 자체가 살인이나 도둑질을 하고 있는데, 어찌 개개인에게 살인이나 도둑질을 금지할 수 있겠는가? 국가를 통치하는 자들이 그러하지 못한데 누가 재판관으로서의 자격을 갖겠는가? 우리들 문화가 성문법에 의해 규정되지 않고 이처럼 복잡한데, 어떻게 개인의 권리와 의무를 재정의하면 좋을 것인가? 책임자들은 무엇을 근거로 판결하는 것인가? 종교에 의해? 그렇다면 어떤 종교? 오늘날 어떤 나라가 단일종교를 믿는단 말인가? 그리고 여성의 권리에 관하여 도대체 누가 가부장적 일신교의 규율을 지속하고 싶다고 할 것인가?

민중의 새로운 아편

생명권리가 긴급을 요구하는 것임은 매우 분명하다. 재산과 관련된 법에 대해 과거 수십 년 동안 많은 자질구레한 수정과 추가가 행해져 왔다. 특히 성적 차별에 관해서는 어느 정도 잘 적용되었다. 이론상으로 여성들은 재산의 획득과 소유에 관해 이전에는 갖지 못했던 권리들을 누린다. 그러나 이 진보는 불충분하고 의지할 만한 것이 못 되기 때문에 그것이 생명의 권리 및 언제나 성별이 있는 권리를 수반할 때 비로소 확고한 것이 될 수 있을 따름이다. 사실, 생명은 중성이 아니다. 그리고 얼마 전부터 여성과 남성은 〈평등하다〉 또는 〈평등해져 가고 있다〉라는 사항이 거의 민중의 아편이 되고 있다. 남성과 여성은 평등하지 않으며, 이 평등이라는 방향으로 진보시킨다는 것은 매우 문제점이 많은 허망한 것이라고 생각된다. 예를 들면, 노동 차원에서 경영자가 곧잘 말하는 것이 여성 노동자는 불안정하기 때문에 필요 없다는 것이다. 혹은 저임금으로 여성을 고용하게 된다. 그는 여성이 특히 어느 연령부터 착실하게 일하는 것에 대해서도 종종 가장 채산성이 높은 노동력임을 인정하려 들지 않는다.

어떻게 여성이 직장에서 자신을 남자로 인지시킬 수 있는지 나는 알수 없다. 여자는 물론 남자옷을 입고, 더이상 섹스를 하지 않거나 집안일을 하지 않을 수도, 아이를 낳지 않을 수도, 목소리를 바꿀 수도 있다. 이가운데 몇몇은 오늘날 성의 중성화 증상으로서 나타나는 것이 있다. 문제는 이것이 일부의 여자들이 선택한 것인가, 그렇지 않으면 남성에 의해 건설된 세계 혹은 여성이 선택한 적이 없는 세계, 그러나 여성이 참아내는 세계의 필요성에 의한 것인가를 아는 것이다. 그녀들은 여자가 되지 않고 남자가 된다. 그것이야말로 여성 정체성을 인정하는 대신 남성 세계가 여자에게 요구하고 있는 것이다.

가정 밖의 여성들

가정 밖의 여성들, 여기에 어떠한 가치 부여를 하면 좋을 것인가. 여성 권리가 민법에 기재되는 일은 반드시 필요한 것으로 생각된다. 여성에겐 고유한 권리가 필요하다. 우리들은 지금 아직도 남자가 머리이며 여자는 몸인 가정 및 종교의 지평에서 살고 있다. 과거에 요람 속에서 전적으로 여성에게 의존했던 남성들이 현재도 이 의존 덕분에 생활하고 있으면서도 제멋대로 형세를 역전시키는 것은 매우 놀랄 만하다. 남성은 여성의 지성 덕분에 존재하는데도 불구하고 여성은 사회를 지배하는 것도 완전한 시민이 되는 것도 할 수 없는 듯하다. 이 확신의 역전은 좀더 자세히 살펴볼 필요가 있다. 그것은 경쟁이며 심지어 보복이기도 하다. 물론 남성은 언제라도 대답할 준비가 되어 있다. 어머니가 된다는 것은 정신적인 것이 아니라 물질적인 사항을 보살필 수 있다는 것이며, 그러한 것은 남성보다도 여성이 더 잘해 낼 수 있다고. 그러나 그들은 이전에 한번도 모친이었던 적이 없다……. 어머니라는 직업은 다른 무엇보다도 지적이며 섬세한 일이다. 여성이 스스로 정체성의 이익을 충분히 얻는다고 한다면 이 일은 분명 더욱 잘 행해졌을 것이다. 그러나 오늘날까지도 생명을 낳고 지키는 자에게 생명의 권리가 없다. 불신을 드러내는 믿을 수 없을 것 같은 몸짓으로, 여성은 그녀 자신이 생명의 권리를 갖게 될 순간에 이미 그 생명을 지키고 싶지 않은 것이 아닌가 의심이 든다. 여성은 때로 종種의 재생을 위한 인질밖에 되지 않는다. 그녀들이 생명의 권리를 요구하는 것은 스스로 신체와 주체성에 대한 법적 권위를 갖기 원하는 것이다.

여성의 삶을 둘러싼 이하 모든 문제는 아마도 민법에 기재된 대상이 되는 것임에 틀림없다. 예를 들면, 피임과 낙태에 관한 일시적인 인가, 여성에 대한 공적·사적인 폭력에의 일시적 및 부분적 보호 내지 형벌화, 광고나 포르노를 목적으로 한 여성 신체의 남용, 신체·이미지·언어의 성에 따른 차별적 정의와 사용에서의 차별, 강간·유괴·살인 그리고 어린이 착취 등등. 어린이는 남자가 아니라 여자의 일의 성과이다 —— 이것을 상기시켜야만 할 것 같다. 이것들은 시민으로서의 여성 생명을 정의하기 위해 법적으로 써서 드러내야 하는 것 가운데 몇 개의 예에 불과하다.

그렇지 않으면 우리들은 도대체 누구인 것인가? 현실의 이러한 왜곡 앞에서 언어는 아직도 일정한 가치가 있는 것인가? 여성은 시민권을 누림으로써 남성을 추적할 것이라고 말한다. 여성이 공적 생활 속에서 정체성을 갖지 못한다는 이와 같은 사실을 누가 고려하고 있을까? 여성의 정체성은 가정과의 관계 속에서만 유일하게 정의되고 있다. 이 정체성을, 인류의 반을 차지하는 〈여자〉라는 정체성으로서 재고해야만 한다. 인류는 실제로 종의 재생산을 행하는 것만은 아니다. 인류는 동등하게 창조자인 두 개의 성으로 이루어지며, 그 가운데 하나는 더욱 스스로의 체내에서 아이를 만든다. 이는 자유·정체성·정신의 권리를 갖는 것을 어떠한 점에서도 막지 못한다. 인류가 어디로 가는가 알지 못하고, 차례로 끊임없이 (재)생산하기 전에 인류는 양극의 정체성에 대해 생각하고 생명에 관한 재산의 풍부함을 문화 속에 써넣어야 한다.

생명의 문화

생명은 상상할 수 있는 온갖 물건·소유물·부富보다도 훨씬 가치 있는 것이다. 사람들이 그것을 상기하고, 그것이야말로 일부 사람들(남녀)의

무분별이 저항에 부딪치는 표시는 아닐까? 이탈리아인은 세계의 중대문제에 대해 조금은 경솔하다고 생각한 적이 있다. 그러나 만약 이탈리아 남자들이 이탈리아 여자들에게 큰 도움을 받고서, 생명을 희생으로 한 돈벌이 발전에 반대하면서 성공에의 길을 걷는다고 한다면? 결국 빈틈없이 약삭빠른 미소를 띠면서 위기에 봉착되는 그 순간에도 이탈리아는 다른 많은 나라들보다도 잘 유지되고, 거기서 사는 사람들은 살아가는 의지를 분명히 말할 수가 있다. 이제 앞으로 이탈리아인들이 말해야 하는 것은 생명에는 성별이 있으며, 문법상의 성의 중성화는 개인적·집단적인 죽음으로 몰아가는 위험이 있다는 것이다. 그것을 역사적 진보라고 주장하기 위해서는, 문법상의 두 개의 성을 존중하면서 중성화되지 않고 성이 구분된 아직 존재하지 않는 문화를 다듬는 것이 중요하다.

여성에 대해 주관적 및 객관적 권리, 여성의 성별이 있는 신체에 맞는 권리를 주거나 아니면 돌려 줌으로써, 한쪽의 성 혹은 문법상의 성이 다른 한쪽의 성 혹은 문법상의 성에 대해 갖고 있는 권력의 균형을 회복시키는 것은 순연한 사회 정의이다.

생명권리에서의 정의는 남성과 여성으로 구성된 것으로서의 인류문화 및 각자의 정체성에 상응하는 시민으로서의 권리나 의무 기재記載 없이는 발휘되지 않는다. 이 관점에서 보면 우리들은 아직 역사의 여명기에 있는 것이다. 다행히도!

1987년 11월

---

1) 1987년 11월에 행한 원자력 사용과 재판관의 권력 두 가지 점에 대한 여론조사.
2) 앞글 및 《차이의 시대》(Biblio Essais, 1989)에 수록.

10

왜 성별화된 권리를 정의하는가?

크리스티나 라자니 특히 이전에는 다른 방식으로 문제에 접근해 오셨는데, 왜 요즈음 당신은 권리, 즉 법에 관심을 가지십니까?[1]

뤼스 이리가라이 철학자로서, 나는 현실과 지식의 모든 영역을 이론화하는 데 관심이 있습니다. 문화사에서 철학과 과학이 서로 분리된 것은 극히 최근의 일입니다. 방법의 세분화가 빚은 결과이며, 그로 인해 각자의 생각에 접근하기가 어려워졌습니다. 현대 과학의 초기술적 성향은 사람들이 생각하기에 더욱 진실된 진리에 일치하는 점점 더 복잡한 방식을 만들기에 이르렀습니다. 결과적으로 이 진리는 학자 자신의 지식을 포함해서 지식의 측면에서 이 사실을 회피합니다. 이것은 우리의 문화와 문화의 장래 발전을 위해 별로 좋은 전망이 되지 못합니다(여기에 관해서는 《사회에서의 지식의 의미와 위치》[2]에 수록된 〈과학의 주체, 성별화된 주체?〉를 참조).

따라서 나는 남녀 양성간의 차이의 관점에서 법, 즉 권리의 문제에 항상 관심을 기울여 왔습니다. 예를 들어, 《스페쿨룸》에서 나는 148-154쪽과 266-281쪽에서 매우 분명히 이 문제에 대해 이야기하고 있지만, 플라

톤에 관한 전체 텍스트에 모두 관련된 문제입니다. 《하나가 아닌 성》의 두 장——〈여성들의 시장〉과 〈상품으로서의 여성〉——은 경제·사회적 권리의 문제를 다루고 있습니다. 오늘은 좀더 구체적으로 이 문제에 대해 접근해 보겠습니다. 그러나 특히 이 문제에 관한 한 나의 초기 글과 최근의 글 사이에는 아무런 괴리가 없습니다.

왜 좀더 구체적으로 법률 문제에 접근하는 것일까요? 1970년 이후부터 나는 여성 해방운동에 참여한 여성이나 여성 단체와 자주 일해 왔는데, 여기서 나는 남녀 양성 모두를 위한 공평한 재판권의 확립 없이는 해결할 수 없는 곤경과 난관을 목격했기 때문입니다. 이러한 사회 구조의 부재로 인해 여성과 남성은 합법 혹은 비합법적인 여러 요구들이 범람하는 가운데 스스로를 상실하게 되고, 한편 개개인의 기본 원리는 보호받지 못한 채 세계적인 무질서는 점점 더 커지게 됩니다. 거짓 질서의 재건은 따라서 그들의 문제를 관리할 능력이 없는 나라들에 의해 다른 나라의 무질서를 회복하는 데서 찾게 됩니다. 죽게 내버려 두는 것보다 도와 주는 게 낫다는 것입니다. 그러나 정말로 도와 주는 것일까요? 지배자로 남아 있기 위해 표면적으로 관대한 구실을 만드는 것은 아닐까요? 분명치 않습니다. 현재 여기서 우리의 관심을 끄는 가장 유용한 법은 마치 세계가 무질서의 편을 드는 것처럼 항상 연기됩니다. 그리고 우리 문명의 거짓 홍수 속에서 여성이 전하는 문명에는 전혀 귀기울이지 않고, 남성의 정체성을 구하기 위한 해결책을 찾는 것만이 문제가 됩니다. 여성의 진실을 고려하지 않는다면 무엇이든 좋습니다. 남성들은 심지어 다소 길들여진 동물들을 다양한 방법을 통해 그들의 최근 토템으로 공공연히 강조함으로써 문화의 선사시대로 역행하고 있습니다. 문화적인 진보를 추구하는 대신, 세계는 인간적인 정의에 대한 최소한의 기초로 뒷걸음질칩니다. 그래서 우리 시대에 적합한 종교를 더이상 갖지 못합니다. 법률은 생명의 보호와 관련될 때 특히 개인·종교·국가 및 국제분쟁을 해결하기에 불충분합니다. 따라서 우리는 더이상 신도, 언어도, 친숙한 문화적 풍경도 갖지 못합니다. 과연 무엇을 기초로 해서 사회 단체를 세워야 합니까? 어떤 사람들은 만인을 위한 보편의 위대한 전야가 도래한다고 상상하는 것을 나는 알고 있습니다. 그러나 어떤 보편입니까? 어떤 새로운 제국주의가 그 안에 숨겨져 있는 것일까요? 그 대가는 누가 지불하나요? 남녀 모두를 위한 타당한 보편이란 자연적인 경제를 벗어나서는 존재하지 않습니다. 다른 모든 보편은 부분적인 구축이며, 그 결과 권위적이며 부당합니다. 가장 먼저 확립해야 할 보편은 인간 문화의 기본 요소로서 남녀 모두를 위해 타당한 법률을 보편화하는 것입니다. 이것은 성적인 선택을 강요한다는 뜻이 아닙니다. 그러나 우리는 살아 있는 여성과 남성으로, 이말은 성별화되어 있다는 뜻이며, 우리의 정체성은 이 차이를 존중하는 수직·수평적인 시야 없이는 건설될 수 없습니다.

이러한 질서의 부재로 인해, 오늘날 많은 사람들은 인간적인 것과는 다른 정체성의 장을 찾아 헤맵니다. 남자는 자신의 집 혹은 이웃의 집, 자동차 혹은 다른 모든 운송수단, 자신이 달릴 수 있는 거리, 할 수 있는 운동의 종류, 좋아하는 동물, 그 이름으로 다른 인간을 죽이고 여성을 경멸하는 유일신 등과 관련하여 자신을 정의내립니다. 남성은 인간의 질을 개선하는 데 별반 관심이 없습니다. 「시간이 없어서……」, 「진부한 이야기죠!」, 「다 지나간 거지요……」, 무책임한 시민에 의해 수동적으로 표현된 이러한 무관심한 반응은 내 견해로는 진정한 시민에게 걸맞는 권리와 의무가 결여된 탓입니다. 이것은 곧 무수한 전체주의·폭력·빈곤을 낳게 됩니다.

라자니 성별화된 법, 문법상 여성을 기입記入하는 법에 관해 말씀하셨는데요. 전통적 개념의 〈동등〉과는 매우 다른 생각이군요. 그러므로 〈만인을 위한 평등한 법〉의 문제가 아니라, 여성은 남성과 같지 않다는 사실을 고려하는 법개념의 문제이지요. 성별화된 법의 개념을 설명해 주시겠습니까?

이리가라이 어떤 경우에는 남녀간의 차이를 분명히 하기 위해 동등한 권리를 얻도록 싸워야 한다고 봅니다. 적어도 그렇게 믿습니다. 그런데 이성적인 방법의 길로 보였던 것이 이제는 헛된 이상이자 올가미라는 생각이 듭니다. 왜냐고요? 여성과 남성은 똑같지 않습니다. 평등의 전략, 그것이 존재할 때는[3] 항상 차이의 승인을 겨냥해야 합니다. 예를 들어, 여성과 남성이 사회 발전을 위해 모든 사회 활동 영역에서 똑같은 수로 일한다고 가정합시다. 물론 어떤 차원에서는 이것이 완전히 바람직한 해결책이지요. 그러나 이것으로 충분하지 않습니다. 이러한 불충분함은 남녀간의 차이에 대한 후퇴와 의심을 불러일으키게 되고, 여성들 스스로가 이를 유지시키게 됩니다. 왜 평등의 전략은 불충분한 것일까요? 우선, 직업을 규정하는 질서를 포함한 현재의 사회 질서는 성의 차이라는 관점에서 볼 때 중립적이지 않기 때문입니다. 노동조건 및 생산기술은 성적 차이의 관점에서 볼 때 동등하게 만들어지지도, 동등하게 적용되지도 않습니다. 일의 목표와 방식은 여성과 남성에 의해서도, 여성과 남성을 위해서도 똑같이 규정되지 않습니다. 그러므로 기껏해야 임금 문제에서나 평등이 이루어집니다. 물론 동일 노동과 동일 임금에 대한 권리는 합당하며, 여성이 가정 밖에 나가 경제적 독립을 획득할 권리만큼이나 정당한 것입니다. 어떤 남녀들은 그들의 정체성을 존중하기 위해서는 이 정도면 충분하다고 생각합니다. 개인적으로 나는 여기에 반대합니다. 이러한 새로운 경제조건은 최소한의 자유를 얻기 위해 여성은 여성의 것이 아닌 문화의 명령에 복종해야 한다는 사실을 지지하지 않는다면, 우리의 사회 조직 전체를 재고하도록 격려하는 자극제가 될 수 있습니다. 그래서 여성은 무기나 공해의 도구를 만드는 데 협조해야 한다는 것입니까? 남성의 노동습관에 적응하거나, 여성의 자연적 언어와는 무관한 인위적 언어, 여성을 점차 몰개성화하는 언어의 발달에 복종하고 기여해야 한다는 말입니까? 그것은 법의 평등에 해당하는 가치를 지니지 못합니다. 실제로, 자유로운 삶의 기회를 얻기 위해 여성은 남성의 생산수단에 복종하고, 남성들의 재산 혹은 사회·문화적 세습재산을 증가시키도록 강요받습니다. 이 모든 상황에도 불구하고 여성은 작업장으로 들어가지만, 그 과정에서 그들은 여성적 정체성으로부터 소외됩니다. 여성들을 가정으로 되돌아가도록 선동하는 일은 가장 반동적인 여성 —— 너무도 쉽게 반동적이라 생각되어지는데 —— 곁에서 뿐만 아니라, 여자가 되려고 노력하는 여성들 곁에서도 역시 호응을 얻을 기회가 많습니다. 여기서 내가 말하고 싶은 것은 남성에게만 적합하도록 발달된 작업조건과 환경 속에서 여성의 정체성을 소외당하지 않고 시민으로서 자기의 생활비를 벌도록 여성에게 허용된 직업의 종류가 아직도 거의 찾기 어렵다는 점입니다. 이 문제를 고려하지 않는다면, 여성 해방운동을 위해 일하는 사람들 사이에 많은 오해와 의견의 불일치가 생기게 됩니다. 실수 때문에 많은 시간을 낭비하게 되고, 많은 오해들이 크든 작든 권력을 가진 사람들에 의해 냉소적으로 혹은 무의식적으로 배양됩니다. 여성들 자신들은 난관에 부딪쳐 어찌할 줄 모르게 됩니다. 즉, 밖에서 일하여 경제적 독립을 얻고 사회적으로 조금 눈에 띔으로써 얻는 최소한의 사회적 권리와, 그 최소한을 위해 여성들이 지불하고 다른 여성에게 지불하도록 만드는 심리적·육체적 대가 —— 그것을 여성들이 충분히 의식하든 않던간에 —— 사이에서 갈등하게 됩니다. 이 모든 오해는 남녀 각각의 성을 위해 다른 법이 존재해야 하고, 이 법이 시민사회에서 선출된 대표들에 의해 법전화된 후에 비로소 동등한 사회 질서가 확립될 수 있다는 것을 인정해야만 해결될 수 있습니다.

라자니 현행법이 어떻게 만들어졌고, 남성에게 맞도록 발달되어 왔는지 몇 가지 예를 들어 주시겠습니까? 성적 차이를 기초로 한 법은 어떤 것이 있을까요?

이리가라이 두 문제를 동시에 대답하는 것이 가능할 것 같습니다. 여성의 권리로 정의되어야 할 것은 바로 남성 및 남성들만의 문화가 자기

재산으로 삼고 있는 것들, 즉 여성과 아이의 몸뿐 아니라 자연 공간과 주거지, 기호와 상像의 체제, 사회·종교적 대표권 등을 의미한다는 점에서 이지요.

그러면 현재 여성의 권리로 주장되어야 하는 것을 통해 문제에 접근해 보겠습니다.

1. 인간 존엄에 대한 권리
   a) 여성들의 몸과 이미지를 상업적으로 이용하는 것을 중단할 것.
   b) 모든 공공장소에서 몸짓이나 말이나 이미지상으로 정당하게 여성 스스로의 가치를 표현할 것.
   c) 세속적·종교적 힘으로 여성의 기능적 부분인 모성을 더이상 착취하지 말 것.

2. 인간 정체성에 대한 권리
   a) 가족·국가·종교 어느 것에 의해서도 현금으로 환산될 수 없고, 돈으로 환원되지 않는 여성 정체성의 한 구성요소로 처녀성(혹은 육체적·도덕적 순결)을 법에 기재할 것. 여성 정체성의 이 요소는 소녀들에게 시민권을 부여해 주고, 자신이 원하는 한 처녀성(신과의 관계를 포함해서)을 지킬 권리를 줄 뿐 아니라, 집 안팎에서 이 권리를 해치려는 사람에 대해 법의 도움으로 불평을 표명할 수 있게 해 줍니다. 우리 문화권에서는 소녀가 남성들간에 교환되는 경우가 적은 것이 사실일지라도 처녀성이 상품화되는 곳이 아직도 많이 남아 있으며, 남성들간에 돈으로 환산될 수 있는 육체로서 소녀의 정체성이 갖는 지위는 재고려되지도 재형성되지도 않았습니다. 소녀들은 개인적·사회적 시민으로 의거依據할 수 있는 적극적인 정체성이 필요합니다. 소녀의 이러한 자율적 정체성은 성관계에 대한 여성의 자유로운 동의를

위해서, 그리고 남성의 권력에 의해 여성이 소외되지 않는 결혼제도를 위해서도 필수 불가결한 것입니다.

더구나 이 제도는 법적으로, 특히 미성년자들의 결혼과 관련하여 수정되어져야 합니다. 현재 법은 가족이나 국가 혹은 종교단체가 미성년, 특히 성년이 되기 전에 결혼을 하는 여성의 법적 변호사가 되는 것을 허용하고 있습니다. 나의 견해로는 합법적인 결혼연령을 늦추든지 성년이 되는 나이를 앞당기든지 하는 것이 필요하며, 실제로 두 배우자의 법적으로 책임질 수 있는 약속 없이 결혼을 비시민적 제도로 기능하도록 허용해서는 안된다고 봅니다.

이러한 권리는 여성들로 하여금 단순한 형사처벌에서 벗어나, 여성의 권리에 관한 한 민사적 합법성을 누릴 수 있게 해 줍니다. 예를 들어, 강간과 근친상간에 대한 소송, 강요된 매춘행위와 포르노에 대한 소송을 생각할 수 있는데, 이 경우 여성에게 적절한 적극적인 권리가 시민사회에 의해 보장되기보다는 항상 죄인에게 벌을 적용하는 데 급급합니다. 그러나 피해자측인 여성이 단순히 고소인이 되는 위치에 놓이는 것은 여성에게도, 남녀 간의 관계를 위해서도 바람직하지 않습니다. 여성을 위한 시민권이 존재한다면, 강간의 경우나 여성에게 가해진 다른 모든 형태의 폭력사례에서 사회 전체가 침해를 당하는 것이 될 것입니다. 따라서 사회는 그 구성원의 한 사람에게 가해진 해에 대해 원고가 되거나 공동고소인이 될 것입니다.

b) 여성 정체성의 한 구성요소로서의 모성의 권리(우선권으로서가 아닌). 만약 육체가 법에 관련된 문제라면, 여성의 몸은 처녀이자 잠재적인 어머니로서 민사상 정의되어야 합니다. 이 말은 어머니가 임신과 임신의 횟수를 선택할 권리를 갖게 된다는 의미입니다. 자식의 출생을 신분등기부에 등록하는 것은 어머니 자

신이거나 그녀에게 권리를 위임받은 사람이 해야 할 것입니다.

3. 모자상호간의 권리는 법규 안에 정의되어져야 합니다. 어머니가 아이를 보호할 수 있고, 이것이 법에 의해 지지될 수 있기 위해서입니다. 이것은 어머니로 하여금 어린이, 특히 소녀에 관련된 근친상간·강간·학대 및 유괴의 경우 시민사회의 이름으로 원고가 될 수 있도록 해 줄 것입니다. 부모의 상호 의무는 각기 서로 구분하여 기재될 것입니다.

4. 여성은 남성의 법에서 유래된 모든 일방적인 결정들에 대항해서 자신과 자녀들의 생명을, 또는 주거공간·전통·종교 등을 지킬 권리를 갖게 될 것입니다.

5. 엄격히 재정적인 차원에 대하여:
   a) 독신은 세금이나 다른 기타 부담금으로 불이익을 당해서는 안 될 것입니다.
   b) 만약 국가가 사회보장제도의 일환으로 가족수당을 주고 싶다면, 모든 어린이에게 평등하게 혜택이 주어져야 할 것입니다.
   c) 여성도 남성과 똑같이 세금을 지불하는 텔레비전과 같은 대중매체는 시간의 절반을 여성 시청자를 목표로 해야 할 것입니다.

6. 예를 들어, 언어학적 교환과 같은 교환체계는 남녀를 위해 동등한 교환권리를 보장하기 위해 수정되어야 합니다.

7. 종교도 민사상의 권력을 대변하는 것으로 볼 때, 여성은 모든 세속적·종교적 결정을 내리는 장에서 동등한 수로 대표되어야 합니다.

라자니 어떤 여성은 법에 대한 그들의 외면과 거리감, 이 주제에 대한 흥미 상실을 이론화하여 내세웁니다. 여기에 대해서는 어떻게 생각하십니까?

이리가라이 이런 입장은 여성 정체성의 인식에 대한 현재 조건을 잘못 분석하고 있는 것으로 보입니다. 그러나 이러한 여성 —— (일반적으로 여성의 이익과는 거리가 먼 방향으로 법을 이용하는) 남성 시민에 의해 부양되고 완전히 자신의 권리로 시민이 되지는 않는—— 들은 사회 조직에 필수적인 이 차원을 망각한다는 것을 이해할 수 있습니다. 여성의 권리가 존재했을 시대에도 일반적으로 그 권리가 성문화되지 않았고, 가부장제하에서 급격히 증가한 제도의 중압감 없이 행사되었음을 더 잘 이해할 수 있습니다. 그러나 이러한 여성의 권리는 존재했었습니다. 여성이 사회 질서를 관리했던 시기가 흔히 말하듯 혼란으로 끝나지는 않았습니다. 다른 것들 가운데 여성의 권리는 다음과 같은 사항들로 특징지워집니다.

1. 모녀간에 재산과 이름을 상속할 수 있는 권리.

2. 좀더 늦은 상속의 경우, 자매와 막내에게 주어지는 특권.

3. 족보에서 신성과 종교적인 것의 중요성.

4. 태어난 나라를 〈모국〉으로 표현하는 것.

5. 토지와 향토신鄕土神에 대한 존중.

6. 첫번째로 과일, 다음엔 곡식과 같이 자연적으로 생산된 음식에 대한 존중.

7. 삶의 리듬·빛·계절·해의 순환을 존중하는 시간관.

8. 사랑과 평화에 기초한 고양된 도덕관.

9. 인류의 모든 구성원들의 공동체.

10. 동맹과 분쟁 해결의 문제에 관해 여성에게 위임된 중재.

11. 예술과 연관된 상징체계.

예를 들어, 머시아 엘리아데의 글에서 뿐 아니라 요한 야콥 바흐오펜의 작품에서 여성 권리에 대한 이러한 요소들의 흔적을 찾을 수 있습니다. 이러한 근거자료는 예외적인 것과는 거리가 멉니다. 이들과 이들의 참고 문헌은 연구의 길잡이가 되어 줄 수 있습니다. 나는 이 현실에 대해 남성 이론가들이 인정하고 있음을 보여 주기 위해서 부분적으로 남성을 인용하려는 선택을 했습니다.

오늘날 이 권리들, 즉 내게는 여성의 주체성과 곧 일치하는 것으로 보이는 이 권리들이 존중받도록 하기 위해서, 우리는 성문법에 의지해야 할 것입니다. 그렇지 않으면 성문법은 출생부터 족보에서 소외당한 소녀들의 희생을 계속 강요하게 될 것입니다. 게다가 여성들이 상징과 이미지, 꿈과 현실로, 즉 그들의 주체성을 펼쳐 나갈 수 있는 사회 질서를 창조하는 것이 여성에게는 좋은 일이 되리라 믿습니다.

라자니 법에 흥미를 가진 여성(남성 역시)에게 몇 가지 조언을 해 주시도록 부탁드리며 이 대담을 끝마치려 합니다.

이리가라이 우선적으로 그들은 모든 사람들이 투기적이고 소외시키는 매개물 없이 일을 통해 살고 먹을 수 있게 해 주는 장소로서 자연을 잘 보존해야 합니다.

1. 개개인의 삶에 관한 기본적인 권리를 정의합시다. 여성과 남성, 소녀와 소년, 어머니와 아버지, 여성과 남성 시민, 여성과 남성 근로자 등등. 여성과 남성을 필두로 하며, 전략상 다른 우선사항이 선두에 나오더라도 적어도 남녀의 차이를 틀로써 보유한 채.

2. 한 사람이나 몇몇 사람에 의해 지배되는 집단이나 단체의 권리를 줄입시다. 남성만에 의해 정의되고 형성된 시대와 방식의 조명 안에서 특히 민주주의는 간구되고, 그 원칙이 문제시되기를 요구한다는 점에서 민주주의는 그 자체가 아직도 존재하지 않습니다.

3. 주거 그리고 또한 사유재산에 대한 적합한 법을 재정의내리고, 재평가합시다. 여성과 남성, 그리고 어린이는 환경오염(차·비행기·소음을 내는 기계 등등)이나 건축물의 위험 및 결함에 의해 주거지에 대한 필요와 욕구, 합법적인 투자를 사기당하지 않고 살 수 있는 장소가 필요합니다. 그래서 원래 건물을 지을 수 없도록 규제된 지역에 집을 짓게 허가하여, 이전부터 살던 주민에게서 빛과 맑은 공기 및 평화를 박탈하고 부동산에 관한 법적 보호의 결여로 반유목생활을 강요하는 일이 없어져야 합니다.

4. 돈이 갖는 힘, 특히 부자나 조금 덜 부유한 자의 변덕스러운 욕망과 연관된 잉여가치를 줄입시다. (예를 들어, 부동산 중개업자들은 다시 보금자리를 꾸미고 싶어 애쓰는 구매자들이 이것들을 선호하기 때문에 주거면적이 더 비싸다고 선전하며, 인간의 고독감을 이용하여 이득을

얻으려 하기에 이르렀지만 부동산 개발업자는 사정이 다르다는 것을 너무도 잘 안다.) 제품의 가격과 생산수단의 선택에 근거한 정당한 교환의 형태로 되돌아갑시다(다시 말해, 지구·태양·공기·바다뿐 아니라 인간의 육체와 관련된 생산을 가속화시키거나 과잉시키는 일 없이, 좀더 자연적인 생산수단으로 되돌아가자는 뜻이다).

5. 특히 여성이 진정으로 시민의 한 사람이 되었던 때, 즉 선사시대라는 이름으로 부당하게 규정되어 버린 그 시기와 관련하여 현행법에 의문을 가집시다. 그러면 현행법 제도에서 수정되어야 할 것이 무엇인가에 대해 생각하게 될 것이며, 동화될 수 있는 것 혹은 분화된 것으로서, 그리고 자유선택을 보장하는 것으로서의 세속적·종교적 개념에 대해 의문을 갖게 될 것입니다.

1988년 3월

1) 크리스티나 라자니는 이탈리아 볼로냐에서 출간된 에밀리 로마느 지방의 잡지(《여성의 법률 *Il diritto delle donne*》)의 제1호에 싣기 위해 이 질문들을 내게 하였다.
2) CNRS출판부, 제3권, 1988.
3) 이것은 법의 개념 그 자체에도 존재하지만, 단순히 전략으로 존재하는 것은 아니다.

11

〈남성보다 더 많은 여성〉[1]

　〈중립의 사상가는 여성이었다〉라는 당신의 글에서 진지하게 토론에 개입한 점과 개인적으로 솔직하게 자신을 문제삼은 사실을 높이 평가합니다. 당신은 많은 여성들에게 왜 자기도 모르게 그렇게 행동하는지 그 원인을 깨닫도록 해 주었다고 생각합니다. 당신 자신의 이야기라고 묘사한 것—〈중성〉으로서의 당신이 택한 길과 여성과의 대화—이 당신 자신의 이야기만이 아니라, 우리 문화권에 있는 적지 않은 여성들의 이야기라는 것을 시사해 줍니다. 당신의 자각과 그것을 일반에게 공개한 이야기는 〈중성〉의 입장이 이제 더이상 여성 해방의 방법으로 그토록 권위 있게 주장될 수 없음을 의미하게 될 것입니다. 그러므로 나는 당신과 더불어 이 문제를 좀더 진척시킬 수 있기를 원합니다. 우리는 필연적으로 성별화된 여성 주체가 되어야 한다는 가정을 서로 공유하고 있기 때문입니다. 이것은 또한 다른 여성들, 즉 혈연적·정신적 어머니와 자매에 관한 윤리적인 문제이기도 합니다. 경험적인 것일 뿐 아니라, 주체적으로 여성이 되기 위해 우리가 선택한 것이기도 한 이와 같은 필연성에서 출발하여, 당신이 이 글과 출판된 다른 글에서 주장한 것에 대해 몇 가지 질문을 드리고 싶습니다.

뤼스 이리가라이 당신은 다른 많은 여성들과 함께 여성 정체성 안에서 〈수직성〉의 권리를 주장했습니다. 남성 지상주의 문화에서 이 말에 흔히 부여되는 해석과 혼동이 되지 않도록 이 요구의 의미에 대해 설명해 주실 수 있겠습니까? 다시 말해, 당신의 글 중에서 특별한 구절에 따르면 이 말이 당신에게 어떤 의미를 갖는지 설명해 주시겠습니까?

1. 여성의 족보 생성에 대한 권리, 자신의 고뇌와 당신의 어머니와 다른 여성에 대해 당신 편에서 무의식적으로 행하는 부당함에서 벗어날 수 있는 권리?

2. 여성 자신의 정신적 생성에 대한 권리, 보편적이고 중성적인 진리라는 이름으로 거부되는 대신 성별화된 육체와 조화를 이룰 수 있는 권리?

다시 말해, 당신의 의견 —— 그리고 나의 의견 —— 에 의하면 여성 해방의 목적은 오늘날 이러한 방식으로 우리를 착취하는 문화에서 〈대단한 여자〉, 즉 〈슈퍼 우먼〉이 되는 것이 아니라 모성으로, 〈남자처럼 행하는 것〉으로 혹은 성능 좋은 소형기계로 환원될 수 없는 정체성을 발견하는 것이라는 점을 어떻게 설명할 수 있을까요?

루이사 무라로 수직성이 필요한 차원이란 생각은 (여성의 초월성을 정확히 언급한) 카르라 론지[2]와 시몬 베유의 《노트》, 그리고 당신의 《성적 차이의 윤리》에서 나온 것입니다. 수직성의 남근적 의미는, 일반적으로 수액과 식물의 생명의 방향이 모두 그러하듯이 태양 에너지와 중력이 수직으로 작용한다는 사실을 너무나도 자주 잊게 만듭니다. 물론 우리는 부분적으로 비유적인 언어를 다루고 있으며, 당신이 말한 것 중에 때때로 표현된 언어의 이중적 의미를 발견하게 됩니다. 다른 여성들, 각기 다른 여성들처럼 나는 아마도 〈성장〉하려는 욕망, 즉 성인이 되려는 것이 분명하지만 그러나 그것만을 뜻하지 않는 욕구를 갖고 이 세상에 왔습니다. 그런데 나는 생리학적 성숙은 별도로 하더라도, 성장한다는 것의 모든 개념이 타자의 성에 속한 듯이 보이는 사회를 발견했습니다. 이것은 나의 욕망과 여성으로서의 정체성과 관련하여 나를 혼돈에 빠뜨렸습니다. 나는 이들을 서로 결합시키는 데도 성공하지 못했고, 그 둘 사이가 서로 풍요로워지도록 만들기는 더욱 어려웠습니다.

이제 나는 여성의 정체성과 여성이 가질 수 있는 욕망을 서로 풍요롭게 해 주는 이러한 순환이 존재하도록 노력하고 있습니다. 예를 들어, 지식에 대한 여성의 사랑이 비유적이면서도 동시에 구체적인 의미를 갖는 사회를 만들려고 일하고 있습니다. 그런데 이것은 각 여성들이 자신을 위해 원하고, 우리들이 당연하게 생각하는 최소한의 자유 범위를 넘어섭니다. 나 자신과 다른 여성을 위해 나는 문법상의 여성성에 뿌리내린 자유를 원합니다. 많은 여성들이 이 자유를 위한 탐구를 포기하거나, 아예 그것을 찾으려는 노력조차 하지 않습니다. 이 점에 대해 명확히 해 두어야 합니다.

이리가라이 Sottosopra vert 성명(밀라노, 1985)에서 여성 해방운동의 한 목표로 편안함(l'aise)을 정의내리고 있습니다. 그 안에는 적절하면서도 힘과 소박함을 보여 주는 무언가가 있다고 생각됩니다.

  1. 사회에서는 타협이 항상 존재합니다. 이때 타협이 편안함의 장일 경우는 거의 드뭅니다. 남과 함께 한다는 것은 상호간의 존중과 배려를 요합니다.

  2. 여성은 언어와 표현체계의 변화 없이는 편안할 수 없습니다. 언어

와 표현체계가 남성의 주체에 적합하도록 남자들간의 편안함에 맞추어져 있기 때문입니다. 이 문제를 제기하는 데 있어서, 나는 많은 여성에게 용기를 북돋아 주는 장점을 지닌 당신의 운동을 폐지하려는 것은 분명히 아닙니다. (다소간 구체적인) 언어와 이미지들로 이루어진 문화의 방법이 변하지 않고는 여성이 사회적 편안함을 얻을 수 없음을 깨닫고 우리의 노력을 계속하기를 바라는 것입니다. 여성들이 사회에서 존중받을 뿐 아니라, 여성들간에 서로를 존중하기 위해서 언어와 표상表象의 문맥이 남성과 동등한 주체적 매개와 권리를 여성에게 부여해야만 합니다. 그렇지 않으면 여성은 편안함을 찾았다고 스스로 상상할 때조차도 남성의 정체성에 종속되며, 그들 자신의 주체성이 결여되므로 서로를 끊임없이 침해하게 됩니다.

이러한 변화가 필요하다는 데 동의하시리라 생각합니다. 지금부터 대학에서 가르칠 때 어떻게 이 변화를 실현시킬지 말씀해 주시겠습니까?

무라로 편안함, 편안히 이 세상에 있는 존재란 더이상 낯설거나 노예상태로 이 세상에 존재하는 것이 아니라, 자신감을 갖고 자기 집처럼 느끼며 여성(donne, dominae: 부인, 主婦)으로서 존재하는 것입니다. 이렇게 되기 위해 돈이나 군대와 같은 지배수단에 의지하지 않고 무엇보다도 당신이 주장한 대로 상징적 차원에서 변화가 일어나는 것이 필요합니다.

변화의 필요성이 부정적으로 받아들여진다는 것은 다음의 간단한 확인에서 잘 드러납니다. 여성 해방운동이 20년이 지나고 여전히 활발한 지금에도, 많은 사람들이 이것을 남자와 똑같아지려는 여성의 바람으로 이해하고 있습니다. 이것은 그릇된 해석이지요. 그러나 이 해석은 모든 영역에서 지배적인 패러다임과 부합될 때 〈그럴 듯한〉 것이 됩니다. 〈기회 균등〉이 현재 선동의 기치가 되고 있는 정치에서부터 여성의 사제직이 문제가 되고 있는 종교에 이르기까지……. 여성의 성직을 찬성하든 반대하는 사람이든 모두 이것은 남성과 관련하여 여성이 요구하는 권리로 잘못 이해하고 있으며, 종교적 성직의 형태로 부름받았다고 느끼는 여성의 사회적 필요로 생각하지는 않습니다.

여성의 의지를 체계적으로 왜곡시키는 것과 투쟁함으로써 나는 당신이 말한 변화를 위해 노력하고 있습니다. 왜곡이 남성의 작품일 때 나는 투쟁하지 않습니다. 이 일을 남자든 여자든 다른 사람에게 넘겨 버립니다. 왜곡이 여성의 뇌(정신?) 속에 은밀히 간직될 때(나는 고의로 호전적인 언어를 사용하는데), 나는 열렬히 투쟁하게 됩니다. 과연 차이의 이론은 여성의 정신에 일종의 전쟁, 즉 자유에의 욕망과 남성과의 갈등을 두려워하는 마음 사이에서 혹은 남성으로부터 멀어지려는 욕구와 자립의 공포 사이에서 전쟁을 유발시키기에 이르렀습니다. 이 투쟁에서 내가 사용하는 수단, 가장 적절한 수단은 언어와 일반 상징체계에 대한 직접적인 작전—— 물론 긍정적으로 생각하기 때문에 이 작전을 지지하지만—— 이 아닙니다. 내가 선호하는 방법은 신뢰(affidamento)[3]와 같이 여성에게 힘을 줄 수 있는 사회적 실천, 불일치의 실천, 분리된 여성 공동체, 동성애 등입니다. 진실을 알고 말할 수 있도록 그럴 듯한 것을 이기고 정복하기 위해 필요한 힘을 기를 수 있는 이러한 방향으로 나는 대학에서 연구합니다.

이리가라이 여성 해방은 그러므로 결정적이고, 의미 있는 새로운 한 발을 내딛도록 강요합니다. 자유롭게 하거나, 억압하거나 혹은 착취하는 생산수단으로서 문화를 이해하지요. 이러한 정치적 분석에 동의하십니까? 우리의 목표는 따라서 물질적 재산을 소유하는 데서만 평등의 지평을 얻는 것이 아닙니다. 정의와 정신적 안녕을 또한 얻어야 합니다. 이 점에 대해 어떻게 생각하십니까? 협의의 경제와 문화적 경제가 더이상 분리되지 않는 새 역사의 도래를 위해 가르치는 일 외에 다른 방법을 제시해 주시겠습니까?

무라로   우리에게 남은 이 짧은 지면에서 다루기엔 너무 광범위하고 의미심장한 질문을 하시는군요. 이 방면에서 우리는 당신도 알다시피 시몬 베유를 따르게 됩니다. 제가 알기로는, 오늘날까지 그녀만큼 깊이 있게 물질적 경제와 정신적 경제를 결합하는 방법에 대해 의문을 제기한 사람은 없었습니다. 우리 이전의 인물들 중에서는 엔리코 베링거를 언급해야 한다고 봅니다. 몇 년 전(그러나 성공하지 못한 채) 그는 당신이 제시하는 의미에서 정치적 방향의 변화를 제시했었습니다.

우리는 이러한 연구의 끈을 놓지 말고 계속해야 하며, 또한 할 수 있습니다. 우리는 그 밖에 몇 가지를 더 가지고 있습니다. 여성의 정치운동이 그것이지요. 여성의 정치에는 주체의 강화, 속성의 차이에 대한 주의 및 상징의 중요성에 대한 인정과 같이 경제주의를 초월하는 몇몇 요인이 있습니다. 그 밖에 경제주의의 구조 밖에 존재하고, 내부에서 지식과 사회적 능력으로 전환될 수만 있다면 우리에게 유익할 수 있는 여성의 체험이 있습니다.

마지막 질문의 방법에 대해서는 좀더 생각해 보기를 원하므로 대답할 수가 없습니다.

1988년 1월

1) 루이사 무라로가 속한 단체인 밀라노의 여성 출판사에 의해 1985년에 발간된 성명. 《*Sottosopra vert*》에 수록.
2) 이탈리아 여성으로서, 특히 에세이 《헤겔에게 침을 뱉다 *Sputtiamo su Hegel*》을 썼다.
3) 젊은 여성이 자기가 원하는 것을 얻도록 도와 주기를 나이 든 여성에게 간구하는 두 여성간의 신뢰관계.

12

당신의 건강이란 무엇인가, 누구의 것인가?

　여성 건강을 어떻게 정의내리면 좋을까? 오늘날의 사회는 그 어느 것도 여성들에게 여성으로서의 성별이 있는 주체이기를 허락하지 않고 있다 해도 과언이 아니다. 여성의 정신적 안정에 대한 정의를 내릴 가능성이란 무엇을 말하는 것일까? 여성들이 종종 가볍게 앓고 있는가? 아마도. 나(je)로서 자기를 주장하는 장이 없고, 그대신 담화·이미지·행위, 특히 자기의 상업적 이용에서 다른 사람들의 주장을 참아내야 할 때 어떻게 병에 걸리지 않을 수 있을 것인가? 우리들 사회가 일반적으로 딸에게 지참금을 들려 보내는 일을 더이상 요구하지 않고 있을지라도, 여성의 신체가 예술·산업·광고·매스미디어 시장에서 상거래에 대한 도덕상 및 종교상의 소송이 제기되지 않은 채로 국가의 묵인 아래 여전히 팔려 나가는 것에는 변함이 없다.

　여성 건강에 관해 해결이 매우 곤란한 문제가 또 하나 있다. 여성이 출산에서 체험하는 자연적 고통과 사회가 여성에게 밀어붙이는 인위적 고통을 어떻게 구분할 수 있을까? 대부분의 여성은 지금 단지 홀로 출산을 체험하고 있으며,[1] 주체로서 이 경험에 대해 말하는 일을 허락받지 않는 대신 어머니로서, 괴로워하는 자로서 늘상 높은 평가를 받고 있다고 생각한다. 여성은 그와 같다고 간주되며, 여자가 되기 위해서는 고통받아야 한다는, 눈에는 눈이라는 식의 보복법으로써 견디어 내는 이 정체성을 이어간다.

고통 없이 여자가 되는 길

「어머니들은 조금은 모두 심술궂어요.」 벗인 젊은 이탈리아 여성이 최근 내게 이렇게 말했다. 그녀는 거의 모두가 어머니인 연상의 여성들과 함께 일하면서 겁먹고 상처입고 있었다. 이 귀엣말에는 진실이 담겨져 있다. 나는 이를 남성 지상주의라고 부르지 않겠다. 이는 남성 모델을 여성에게 적용시킴으로써 다시 한번 성의 미분화를 허락하고 만다. 출산의 고통을 경험한 여성에게 사회가 인정해 주는 존재에의 권리에 대한 결과라고 나는 생각한다. 여성 쪽에서 본다면 이는 되돌릴 수 없는 시련이라고 생각된다. 여성, 적어도 대다수의 여성은 이 시련의 여행에서 돌아오지 못한다. 여성은 조금 혹은 대단히 마음에 상처를 입고 그 길에 들어선 사람으로서 다른 사람들에게 대가를 지불케 한다. 원래 대개의 경우, 여성은 아이에 관한 이야기를 통해서나 서로 만날 수 있을 뿐이며, 딸과 어머니는 우리들 문화 속에서는 어머니가 되는 시련을 거친 다음에야 비로소 서로를 재발견하게 된다.

분명 모성은 여성에게 많은 행복을 가져다 준다. 행복은 참을 수 있는 신체적 고통 가운데 가장 커다란 것의 하나로 인정받고 있는 고통을 전제로 한다. 고통이 여성이 되기 위한 유일한 규범이 된다고 한다면, 출산의 고통은 육체관계의 고통이나 여성의 정신적 고통 등을 정당화한다. 이들 모든 고통은 여성들의 〈마조히즘〉과 인내 능력을 보증한다. 사실 말하자면, 오늘날 문화가 여성들에게 다른 많은 해결책을 남겨 주지 않고 있다. 마조히스트란 타자에게 향해진 공격을 자기에게 돌리는 사람이다. 그렇다면 이번은 여성이 공격해야만 하는 것일까?

그러나 원래는 남성에 관한 이러한 호칭이 여성에게 적합한 것일까? 그렇지 않으면 모성의 괴로움과 기쁨이 이미 정체성의 기준이 되지 못하는 또 다른 여성 정체성이야말로 생각해야만 하는 것일까?

출산의 괴로움은 만약 여성 자신이 그것을 선택하고, 여러 의미에서 어려운 이 경험을 말하도록 다른 한 여성 내지 여러 여성들이 돕는다면, 비교적 참을 수 있는 성질의 것이다. 그러나 모성이 피할 수 없는 운명으로서, 〈원죄〉와도 같은 결과로서 강요받게 되면 출산은 여성에게 참을 수 없을 만큼 불공평해진다. 여성의 주체적 권리를 박탈하는 것이다.

성인 여성을 정의하기 위해 대부분 모성만으로 기울어진 이러한 차원은 인공수정에 관한 발견에 대해 지나치게 큰 반향을 불러일으키는 결과를 초래한다. 이 문제 주변에는 실로 너무도 많은 소동과 돈이 난무하고 있다. 현대는 불임부부에게 어린이를 갖게 하는 문제 이외에, 특히 여성 지위 문제와 같이 해결해야 할 문제를 많이 껴안고 있다. 불임이라는 시련으로 괴로워하는 남성·여성이여, 아무쪼록 나를 용서해 주세요. 많은 어린이들이 자연적·정신적 양친을 찾고 있는 것이다. 만약 출산이 관대한 행위라고 한다면, 이것이야말로 바로 인심을 후하게 보일 기회이다.

분명 인공수정은 과학상 및 윤리상의 많은 의문을 던진다. 따라서 인공수정에 무관심한 채 있을 수 없다. 또 인공수정 덕분에 오랫동안 그렇게 믿어지고 지금도 믿어지고 있는 것처럼 불임이 여성만의 문제가 아님이 종종 명백하게 드러난다. 다른 문제점 가운데에서도 일부 여성은 거기서 남성을 물리치는 방법을 찾아내고 있는 것에 반해, 학자는 의식적이건 무의식적이건 거기서 창조주인 신을 타고 넘을 방법을 직감하고 있다고 생각한다. 하나의 사회적 모범으로부터의 탈구조화라는 이들 모든 조작은 분명한 전망이나 주장도 없이 또 높은 평가를 받지도 못한 채, 너무나도 성급하게 진행되고 있다. 게다가 이들 조작은 살기에 적합한 세계에 태어날 필요가 있는 귀중한 아이들을 희생시키면서 진행되고 있는 것이다. 출산을 합리적으로 관리하고자 자연적·정신적 생활환경을 향상시키는 것은 오늘날 나쁜 일이 아닌 것이다! 출산이라는 차고 아래 맹목적으로 놓여지기보다는 육체에 깃든 어린아이의 장래의 생활에 대해 생각하는 편이 우리 시대의 정신적 임무라고 생각된다. 자신을 사랑하고, 자신의 성을 사랑하고, 타자의 성을 사랑하고, 자기와 타자의 고유 혹은 공통된 창조물을 사랑하기를 배운다는 것은 지금 여기서 사회의 흐름에 조금이라도 도달하기 위한 최소한의 행위는 아닐까?

의학으로서의 관점

최근에 학교에서는 청소년에게 실험실에서 생식방법에 기초하여 섹슈얼리티를 가르치고 있는 바, 이것은 장래의 연인들이나 그들 자신을 역겹게 만든다. 언제 그들에게 사랑을 올바르게 가르칠 수 있겠는가? 즉, 사랑은 생식기 분석만으로 그치지 않고, 적어도 두 사람의 인간 사이의 감정의 움직임에 관한 것임. 약혼자 앞으로 보낼 편지와 같은 문학수업은 언제 행해지게 될까? 이상적 연인의 실루엣이라든가 얼굴을 드러내는 그림수업은? 혹은 학교에서, 가까이에 있는 느낌이 좋고 사랑받는 여자아이나 남자아이의 사진전은? 사랑은 비밀을 추구할지도 모른다. 그러나 동시에 사랑을 계속 키워가기 위해서는 사교성과 교양이 필요하다. 사랑을 가능하게 하고, 도움되는 말이나 이미지를 시민으로서 학습하는 것은 언제 행해질까? 이를 실현하는 것은 매우 간단하며, 비용이 거의 들지 않는다! 그것은 인간 질서에 필요한 진보, 수백 년에 걸쳐 여성과 청소년에게는 금지되어 왔던 만큼 특히 그들에게 절실히 필요한 진보이다. 그러나 남성들 역시 이러한 진보가 필요하며, 프로이트나 마르쿠제의 용어를 빌려 말한다면, 삶의 충동 쪽이 죽음의 충동보다도 많은 기회를 갖게 될 이러한 사회의 변화에 남성이나 여성이 제각기 많건 적건 공헌할 수 있다.

나는 여성 건강은 무엇보다도 우선 자기를 주장하지 못하기 때문에, 또 스스로에 의해 혹은 스스로를 위해 주체와 객체로서의 자기 정의가 금지되거나 불가능하기 때문에 해쳐지고 있다고 생각한다. 여성은 신체의 생명력을 통합하기 위한 주체적 질서를 **빼앗기고** 있는 것이다. **신체**는 그것을 조직하고 활기를 부여하는 개인적이고 정신적인 계획 혹은 목적이 있고 난 뒤에야 비로소 건강하다고 할 수 있는 것이다. 이 차원이 없다면, 신체는 필연적으로 병들고, 많은 병을 얻어 어떠한 유효한 의학적 해결법도 없이 생체조직이 파괴당한다. 단지 신체 치료법에만 의지하는 것은 조금의 참된 회복 기회마저 잃게 될 위험조차 있다.

건강하게 있기 위해서는 여성은 여성으로서 성별이 있는 정체성의 특징을 스스로 발견할 필요가 있다. 여성은 사랑이란 문제에서든, 문화·사회·정치 문제에서든, 성적 차이 가운데에서의 상호성도 또한 필요해진다. 인류는 두 개의 서로 다른 주체적 정체성과 그것들의 고유한 대상 내지 목표로 이루어진다. 주체적 및 객체적 권리가 이만큼 불평등하게 나누어져 있는 것은 지극히 병적이며, 병의 요인이 된다. 〈치유〉되도록 여성을 도울 수 있는 것은 주체성을 갖도록 하는 것이다. 그러기 위해서는 적어도 문제의 크기를 이해하는 것, 문제 해결을 시도하기 위한 상호의 우정과 존경, 엄밀한 문화적 정보, 때로 심리요법의 도움을 구할 필요가 있게 된다. 따라서 여성을 위해 일하는 임상의(페미니스트 심리요법사) 양성이 필요하다.

1988년 2월

---

1) 여성은 처녀성의 상실과 성적 관계의 대부분을 말하는 적은 없다. 이것은 오늘날에도 더욱 비밀에 붙여져 있으며, 섹슈얼리티에 대한 교양이 결여되어 있기 때문에 많은 여성들에게 신체적·정신적인 시련이 되고 있다.

13

우리들의 미를 어떻게 창조해야 하는가?

여성 작품을 보고 있다가 그녀들이 표현하는 갈라져 찢겨지는 것과 같은 고뇌, 공포로까지 이르는 그 비통한 생각을 접하고 나는 자주 슬픔을 느낀 적이 있었다.

여성에 의해 만들어진 미를 감상하는 일이 좋았음에도 불구하고, 비탄과 괴로움·분노, 때로는 추함을 발견하게 된다. 행복한 순간, 휴식의 순간, 일상생활의 자질구레한 것을 보상받는 순간, 통합과 커뮤니케이션 혹은 일체감의 순간으로서 내가 기대하고 있었던 예술은 고통이나 무거운 짐이 추가되는 원인이 되고 있었던 것이다.

나는 여성들이 미를 창조해 낼 능력이 충분하다고 믿는데, 자신이 매우 고통받고 있고 타인을 심하게 고통스럽게 한다는 것을 이처럼 여성 쪽에서 공표하는 것은 어쩐 일인가 자문하게 되었다. 물론 여성이 미를 만들어 낼 수 있다고 나는 믿고 있다. 나는 몇 개의 이유를 생각했다. 여성이 자기들 작품 속에서 미를 표현할 수 있게 하고자 그 이유를 몇 가지 들어보고 싶다.

1. 나는 이들 여성 가운데 한 사람이다. 추한 사항을 쓰거나 보이지

않도록 하고는 있지만, 때로 힘든 현실을 쓴 적도 있다. 기껏해야 아름다운 문체로 표현하는데, 그렇게 함으로써 그 힘든 현실에 대한 폭로가 일으킬지도 모르는 고독감을 완화시킬 수 있을 것을 기대한다. 또 부정적인 면을 씀과 동시에 긍정적인 면을 찾아내고, ·명확하게 하고자 노력하기도 한다. 여성, 그것도 자기(들)의 결점이나 이룰 수 없는 점에서밖에 서로 인정하려 들지 않는 경향이 있는 여성에게 비난당했다.

나 개인으로 보아 어느 쪽인가 하면 부정적인 면을 쓴다는 것을 애석하게 생각하지만, 여성 시점에서 보면 이 행위는 숨겨진 채 행해야 했던 것을 드러낸다는 점에서 필요하고, 또한 긍정적인 목적을 갖는 것이다.

그러므로 고통을 해명한다는 것은 여성 쪽에서는 정당한 행위이다. 그것은 또한 개인적 및 집단적 카타르시스의 작용이기도 하다. 자기들의 체험에 대해 침묵할 것을 강요당하는 여성은 종종 실어증이나 마비 등의 신체증상을 보인다. 개인적·극단적 고통을 굳이 공표한다는 것은 몸을 편하게 해 주고 별도의 시간에 도달할 수 있게 하는 치료 효과가 있다. 이것은 자동적인 것은 아니지만, 일부 여성에게도 많은 여성에게도 아마도 같을 것이다. 여성 작품에서 분명하게 드러나는 비통한 생각은 가면을 쓰고 운명에 순종하는 그리스 비극의 등장인물과 관계가 없는 것도 아닌 듯싶다. 어느 남성 등장인물은 의상을 많이 입는다. 우선 여성 의상을…… 그런데 여성은 의상을 벗게 되는 나체와 같은 꼴이다. 여성에게는 이미 신체적으로 완전함을 유지하기 위한 상처 하나 없는 피부도, 아가씨로서, 처녀로서의 정체성을 보호하기 위한 어머니의 사랑조차도 없는 듯싶다.

2. 여성으로서 우리들은 어린아이를 낳는다. 신체적으로도 정신적으로

도 살아 있는 인간의 탄생만큼 멋진 것이 있을까. 우리들에게 정해진 이 창조가 너무나도 경이롭기 때문에 어린아이 교육을 포함하여 다른 어떠한 작품도 이차적으로 보일 가능성이 있다. 그러나 여성의 이 경이로운 작품은 어린아이, 그것도 먼저 남자아이를 낳는 의무로 바뀌고 말았다. 따라서 우주의 가장 위대한 창조자인 여성은 남자의 사회 질서 재생에 봉사하는 하녀가 되었다. 자신들의 결작에 주어지는 명예 가운데 여성에게는 대개 출산이라는 〈일〉의 고통과 어머니 노릇을 하는 피로밖에 남아 있지 않다. 거기다 부권제 문화의 질서는 모든 창조를 여성에게 금지하고, 불가능하게 함으로써 여성을 출산이라고 부르는 것에만 가두어 놓았다. 출산이라는 차원에서 보면, 여성이 정신적 가치를 생산할 권리를 전혀 인정받지 못하는 남자끼리의 문명 속에서 오늘날 작품의 아름다움과 그 정의와의 사이에서 혼동을 드러내고 있는 것 같다.

3. 따라서 여성인 우리들은 자기들에게 적합하지 않은 형태의 질서 속에 갇혀져 왔던 것이다. 우리들이 존재하려면 이들 형태를 무너뜨릴 필요가 있다. 강요된 규범으로부터의 해방이라는 이 몸짓은 다양한 결과를 낳을 가능성이 있다.

   a) 우리들의 신체나 정신을 숨막히게 하는 것을 벗어던지고 싶다면 우리들도 자멸한다. 두번째의 탄생을 맞는 대신에 우리들 자신이 사라진다.

   b) 형식적인 감옥, 족쇄를 부순다면 우리들에게 남겨진 육체가 어떤 것인지 발견하게 된다. 색色은 형태·진실·신앙·습득된 기쁨과 고통을 타고 넘어 생명 가운데 존속하는 것처럼 내게는 생각된다. 색은 또한 우리들이 성을 갖는다는 본질, 우리들의 육화肉化라는 이 환원될 수 없는 차원(《성과 친족관계》에 실린 〈육체의 색〉 참조)을 드러낸다. 감각에 관한 온갖 것이 우리들로부터 벗

겨질 때 우리들에게 남은 것은 색, 그것도 우선 우리들의 성과 일치하는 다양한 색이다. 살아 있는지 없는지 의심스러운(예를 들면, 돌과 같은) 중성의 단조로움이 아니라, 우리들이 여성이기에 갖는 다양한 색이다. 색은 또한 자연 가운데, 그것도 특히 식물 가운데 잘 드러나며, 생명과 그리고 날·계절·해에 따른 성장과 변화를 표현한다. 우리들을 둘러싸고 있는 이 세계 속에서 색은 생명이 유성有性임을 이야기한다.

c) 이미 코드화된 형태를 부숨으로써 여성은 자기 본질과 정체성을 재발견하고, 자기들의 형태를 발견하고, 자기가 어떤 자인가에 따라 꽃을 피울 수 있다. 원래 이들 여성 형태는 늘상 미완성이며, 끊임없이 성장한다. 왜냐하면 여성은 자신의 몸 안에서 성장하고 개화하며, 수정하고 스스로 풍요로워지기 때문이다. 그러나 여성은 처녀성이라는 남자가 만든 이미지에 의해 단 하나의 꽃으로만 될 수 없다. 여성은 그녀 자신의 처녀성에 의해 하나의 형태 가운데 완성되는 법은 결코 없다. 만약 여성이 자신과 생물계와의 친밀함을 유지한다면, 여성은 끊임없이 생성하고 몇 번이고 되풀이하여 〈꽃을 피운다〉.

4. 남자만의 문화는 이미지를 통한 감각표현을 우리들로부터 빼앗았지만, 이것은 대부분 우리들이 여성이며 어머니인 특성에 일치한다. 여성에게서 태어난 어린아이는 움직이고 변화하는 많은 이미지로서 눈에 보이는 것이다. 어린아이는 추상적 기호도, 자의적인 기호도 아니다. 우리들 여성에게 감각은 의연하게 구체적이며 또한 친밀하며, 자연적인 것이나 지각할 수 있는 형태와 연결된다. 감각도 또한 우리들 신체, 우리들의 어린아이나 성적 파트너의 신체와 같이, 또 생물계에 속하는 신체와 똑같이 변화한다. 여성이 종교적 및 세속적인 생활에 가담하고 있었던 역사——습관적으로 선사시대

라고 불린다——의 한 시기에는 문자기호는 아직 일부분만 도형적이었고, 추상적이거나 자의적이지 않고, 또 신용에 기초하지도 않았다. 이들 시대는 여성을 어머니로서의 여신——나중 시대가 용인하는 유일한 여신——으로서만이 아니라, 여자로서의 여신으로 표현한다. 이는 우선 여자로서의 여신이 아름답고 스타일이 좋고, 여신의 성기가 음순의 갈라진 삼각형(어머니로서의 여신인 경우도 마찬가지이다)으로 표시된다는 사실 가운데 잘 드러난다. 이 음순은 후에 사라진다. 여신의 신성은 여신이 모친일 수 있다는 사실에서가 아니라 여신의 여자로서의 정체성에 대응하고 있으며, 약간 열려진 음순은 여성 정체성이 결정적으로 표현된 장소의 하나이다.

감성적 표현이 우리가 가진 형상화와 커뮤니케이션의 특권적 방법인 만큼, 신성한 표현을 잃게 됨으로써 더욱 커다란 고독감이 여성에게 주어졌다. 우리들은 자기를 명명하는 수단, 자기를 표현하고, 우리들 사이에서 서로 생각을 펼치는 수단을 부여받지 못하게 되었다. 그것은 상호 존경하는 가운데 교환이라는 매개를 빼앗겨 어머니와 딸을 서로 분리시켰다. 그리고 남성에 의해 상징적으로 관리되는 재생산——자연적 및 정신적——질서에 어머니와 딸을 복종시켜 왔다.

우리들은 자신들 작품의 독창성을 다시 발견할 수 있으며, 또 그렇게 해야 한다고 생각한다. 우리들 작품은 우리들 자신이나 우리들 세계, 나아가 우리들의 상하 좌우관계의 감성적 표현을 창조하는 문제에서 특히 필요 불가결하다. 이 창조야말로 잿빛으로 가득한 추상적이고 분열된 오늘날의 세계가 필요로 하는 것과 분명 일치한다. 설령 세계가 우리들 작품이 필요하다고 인정하는 일에 저항한다 해도, 우리들은 세상에서 자연적이면서도 정신적인 한 생명에로의 여성의 공헌, 어머니의 공헌이라는 형태로 작품을 완성할 수 있으며, 또 완성할 필요가 있다. 이러한 의도에서 우리 작품의 아름다움은 곧 자연에서 정신으로 옮겨가는 일을 가능하게 하는 하나의 매체인 것이다. 우리들의 특질은 거기에서야말로 자리매김되는 것은 아닐까?

1988년 3월

14

몇 살이십니까?

몇 살이지요? 나이가 곧 노화를 의미하는 우리들 문화에서 이 질문은 두렵게 느껴진다. 나이가 든다는 것은 한 살을 먹는 것이다. 따라서 성장기의 몇 년인가를 제외하고는 그것은 항상 세월의 축적으로 몸의 기관이 점차 쇠하고 파손되어 늙어가는 것을 의미한다.

예를 들면, 몇 살이십니까?라는 질문은 여자에게 결코 하지 않는 질문이라고 말할 수 있다. 그렇지 않으면 여성의 기분을 해치게 된다. 과연 젊을 때라든가, 다른 이유로서 출산 가능성이 있는 동안에 한해서 이 질문은 상냥하고 바람직한 것일지도 모른다.

나이에 대한 이러한 사고를 어떻게 이해하면 좋을까. 적어도 거기에는 두 가지 중요한 측면이 결여되어 있다.

1. 나의 나이와 우주 시간과의 관계. 내 인생의 일년은 곧 춘하추동에 상당한다. 계절 가운데 하나로 한정할 수 없는 수많은 것이 일어난다. 날도, 계절도, 해도 서로 닮지 않는다. 그리고 그것들의 진행은 단순한 시간의 추가와 혼동될 수는 없다. 한 그루의 나무를 살펴보게 되면, 반드시 쇠약에 의한 것이 아니라 생장에 의해서도 일년에

크기나 나뭇가지의 수 등에서 변화가 일어나는 것을 알게 될 것이다. 사람은 생장력 이외에 의식을 갖고 있다. 사람은 정신적으로도 커지며, 성숙할 수 있다. 계절의 힘을 빌려 사람은 그전 해의 생성과 연속하고는 있지만, 그것과는 다른 새로운 생성을 해마다 실현하고 있는 듯하다. 한 살을 먹는다는 것은 그러므로 생성의 노정을 조금씩 나아가는 것이다.

물론 도시풍경 가운데 살아간다는 사실은 식물계가 보이는 이 시간개념을 우리들에게 망각시킨다. 도시에서는 하루 스케줄이 계절에 따라 별로 변하지 않는다. 일요일이나 휴가를 제외하고, 도시의 리듬은 일년 내내 똑같다. 나아가 공업화된 제품이나 수입품을 식품으로 사용하는 것도 우리들에게 날이나 계절이나 일년의 시간적 가치를 잊게 하는 원인이 된다. 이런 의미에서 일년이 365일이나 366일이며, 한 살을 먹는다는 것은 매우 비슷비슷한 시간, 하루, 일년의 되풀이를 거듭하게 되는 것이다.

변화가 없는 되풀이는 권태·피로 및 질적 저하를 가져다 준다. 매년의 생일은 하나의 단계를 이 희망 없는 생성으로 표시하든가, 그렇지 않으면 많든 적든 의미나 연속성이 없는 사실의 극히 추상적인 하나의 집합을 나타낼 것이다. 이들 사실을 푸는 열쇠는 자신의 생일을 축하하는 개인 가운데에서는 이미 발견되지 않는다. 설령 개인이 사실 이차적인 기쁨을 찾아낼지라도, 상업 이코노미가 그 일부분을 장악하고, 대개의 경우 사람은 그것을 참아내고 있다.

2. 한 여자의 인생이 갖는 시간은 특히 불가역적이라는 사실의 망각, 그리고 반복성이 강하고 누적이 잘 되고, 균질적인 구조, 더군다나 대부분은 오늘날의 환경을 변화도 파괴도 하지 않는 이 구조에 남성의 시간보다 일치하는 경우가 적다는 사실의 망각. 실제로 오늘날의 환경 속에서의 시간의 리듬은 크건 작건 남성 섹슈얼리티의

전통적인 모델과 일치한다. 이 모델은 생각되어지는 유일한 것은 아니나, 우리들 문화 속에서 거의 유일한 것이 되며, 프로이트는 이를 남녀 양성에게 존재하는 유일한 모델로서 기술한다. 이는 열역학의 두 가지 원리에 따라 작용한다. 즉, 긴장(축적에 의한)·방출·균형을 유지하려는 항상성으로의 회귀이다.

여성의 섹슈얼리티는 같은 구조에 상응하지 않는다. 그것은 생성에 더욱 닮아 있으며, 우주의 시간과도 연결된다.

그것은 한 여성의 인생이 덧붙여지거나 삭제되는 일련의 사실이나 행동에 귀착될 수 없음을 의미한다. 한 여성의 인생은 나이의 다양한 단계를 명확하게 하는 불가역적인 사건으로 특징지워진다. 사춘기(소년에게도 있는 현상)·처녀막 파열·수태·임신·출산·수유에 대해서도 마찬가지이며, 이들 사건들은 리허설 없이 되풀이될 가능성이 있으며, 그때마다 다른 방식으로 일어난다. 그 결과 신체나 정신은 변화하고, 신체적·정신적 성숙이 이루어진다. 또 어머니 노릇이나 그 이상으로 여자가 관여하게 되는 유아교육이 있으며, 그로 인해 여성은 끊임없이 성장 문제와 관계를 유지하게 된다.

그동안 줄곧 여성은 우주의 시간성, 즉 달·태양·조석 간만·계절과 늘상 연관된다. 생리 혹은 월경을 경험한다.

마지막으로는 갱년기가 여성의 신체와 정신의 생성에 또 하나의 단계, 서로 다른 호르몬의 균형에 의해 특징짓는 단계, 우주적인 것과 사회적인 것과의 또 다른 관계를 드러낸다. 여성으로서의 생명의 끝으로 종종 정의되는 것이 여자에게는 사회적·문화적·정치적 생활을 보내기 위한 자유로운 시간의 시작이 되기도 한다.

따라서 생일은 단순히 한 살을 더 먹는 것으로, 부정적이지는 않더라도 전혀 진보가 없는 일종의 총계가 되는 것으로 환원될 수 없다. 이는 여성에게 진실이다. 여성이 자기 본질을 포기하지 않는다면, 여성의 인생에는

1+1+1+……식의 축적과 유사한 것은 아무것도 없다. 여성은—— 여자 몸인고로—— 인생의 최후 부분을 포함하여, 끊임없는 성장을 한다.

나이 먹는 것을 노화로만 받아들이는 것은 여자로 태어난 이 기회, 다양하고 복합된 정신의 형성을 분명 우리들에게 요구하는 이 기회를 망각하는 것이다. 실제 어린 여자아이의 정신성은 사춘기의 여자아이·애인·어머니·45세 이상의 여성의 그것과 일치하지는 않는다. 아마도 이 정신적 생성의 복잡함이, 여성의 정체성을 개인이나 종種·사회의 재생산자라는 기능으로 부당하게 왜소화시킬 것이다. 이러한 주체의 왜소화·단순화 및 삭제는 남성들 사이에서의 교환, 특히 엄격한 의미에서의 경제적 교환을 중심으로 하는 문화생성에 수반되는 것이다. 그것들은 적어도 현대에서 일신교 종교에 의해 조장된다.

이러한 주체의 마비상태 혹은 망연자실한 상태로부터 어떻게 빠져나올 수 있을 것인가? 여성의 정체성을 어떻게 지키고 키울 수 있을 것인가?

여성으로서의 내 인생 가운데 정신적 진보를 유지하려면 가장 필요하다고 발견한 것을 다음과 같이 요약할 수 있다.

1. 나는 여성으로 태어났지만, 나는 나이다. 이 신체의 정신 혹은 영혼을 생성해야 한다고 생각하라. 나는 여성으로서의 자기 신체를 꽃피게 하고, 형태나 언어·자기 인식·환경과의 관계에서 우주적 및 사회적 균형을 자기 몸에 부여하고, 자기 몸에 어울리지 않는 인위적인 유혹에만 의하지 않는 타자와의 교환방법을 자기 신체에 가르쳐야 한다.

2. 처녀성과 모성은 내게 속하는 정신적 차원을 포함한다고 생각하라. 이들 차원은 남성 문화에 의해 식민지화되어 왔다. 즉, 처녀성은 부친(혹은 오빠)과 남성 신의 화신이라고 하는 남편과의 거래대상이 되어 왔다. 오늘날에는 처녀성은 여성의 재산, 여성이 권리와 책임

을 갖는 자연적·정신적 재산으로서 다시 생각해야 한다.

처녀성은 여성의 신체적·정신적 재산으로서 모든 여성에 의해 다시 발견될 필요가 있다. 이것은 개인적 및 집단적 정체성의 지위(무엇보다도 어머니와의 관계, 따라서 남자끼리의 거래를 벗어난 이 관계 안에서 가능한 성실함)를 여성에게 되돌릴 수 있다. 모성도 또한 물질적인 것뿐만 아니라 정신적 차원에서 생각해야 한다. 이는 아마도 처녀성보다도 손쉽게 상상할 수 있고, 실행될 수 있을 것이다. 어머니와 딸 사이를 제외하고는?

여성은 처녀와 어머니라는 두 개의 정체성을 인생의 각 단계에서 키워야만 한다. 왜냐하면 여성 정체성과 마찬가지로, 처녀성은 단순히 태어나면서 부여된 것이 아니기 때문이다. 물론 우리들은 처녀로 태어난다. 그러나 우리들은 또한 처녀가 되어야 하고, 가족이나 문화, 그 밖의 속박으로부터 우리들 신체와 정신을 해방해야 한다. 처녀가 된다는 것은, 내 생각으로는 여성에 의한 정신적인 것의 정복을 의미하는 것이다. 그것은 무언가 쓸데없이 더 많이 획득하는 것을 반드시 의미하는 것이 아니라, 무언가 부족한 대로 견딜 수 있는 능력을 의미한다. 예를 들면, 자기의 공포나 타자의 환영에서 벗어나 더 자유롭게 느끼거나, 쓸모없는 지식이나 재산·의무에서 벗어나는 것이다.

이 일을 실현하려면 일생이 걸려도 부족하다! 우리의 정체성을 온전히 실현할 수 있도록 우리를 보다 자유로이 해 줄 단계를 거침으로써 나이를 먹는 것이 이 일의 실현을 위해 도움이 될 수 있으리라.

1988년 4월

15

언어의 대가

최근 수년간 노동임금 및 그 공정 내지 충분한 보수에 대해서는 상당수 논하고 있는 반면, 임금이 적용되는 넓은 의미에서의 경제적 배경에 대해서는 거의 검토되지 않고 있다. 나는 여기서 성적 차이라는 입장에서 이 문제를 다루고 싶다. 양성의 차이에 관하여, 엄밀한 의미에서 언어와 노동 사이에는 어떠한 관계가 있는 것일까?

〈동일 노동·동일 임금〉의 이상이 남녀 사이에 실현되기란 거리가 멀고, 노동과 임금의 불균형이 더 힘들고 오랜 노동, 우수한 질을 갖춘 노동일수록 저임금이라는 상식적인 보수 기준을 뒤엎는 지경에까지 와 있음을 적어도 상기할 필요는 없다고 생각한다. 따라서 대개의 경우, 무의식적인 여성 차별적 이데올로기는 엄밀한 의미에서 경제에 영향을 미치고 있다. 이 이데올로기는 언어에 의해 전파된다. 그것은 현재 상황을 존속시키기 위해 문화의 어리석음을 믿게 하고 싶은 사람들이 말하는 것처럼 단지 자연에 의해 주어진 사실이 아닌 것이다. 표면적으로는 순수한 경제주의 아래 행해지는 분업의 사회적 도식에 다름 아니다. 여성에게 생식, 즉 재생산의 노동과 무보수의 가사노동, 남성에게는 보수가 있는 생산노동이라는 것이 두드러진 혹은 부분적인 사회 발전하에 아직도 통용되는 카테고리이다. 여성 혹은 남성용이라고 하는 노동의 이러한 정의는 단순한 신체적인 특질에서 행해지는 것이 전혀 아니며, 또 다른 노동에 비해 육체노동이 저임금이어야 할 이유도 없다. 설령 이해하기 위해 인종 차별 시위를 인용하는 것이 여성에게는 쓰라린 일일지라도, 모든 반인종 차별주의 싸움이 그와 같은 진실을 우리들에게 가르쳐 줄 터이다. 그러나 여성 차별은 가장 무의식적인 인종주의이며, 그것이 분명히 드러나기 전에 많은 모순을 일으키고 있다.

예를 들면,

1. 남성은 창조자이며, 오늘날 문화의 최대 부분의 관리자일 것이라고 한다. 그러나 대부분의 경우, 문화를 가르치는 것은 여성이다. 왜냐하면 이 일은 어머니가 하는 일과 유사하며, 여성에게 일임되어 저임금이 되기 때문이다.[1]

2. 만약 여성이 —— 자주 말해지듯이 —— 매우 뛰어난 노동력이라면, 출산을 위해 몇 개월 휴직하는 것을 인정한다는 것은 평소 그 여성이 공헌한 것을 고려할 때 기업에게 커다란 부담은 아니며, 여성 해고는 경제적으로 비합리적인 행위임을 의미한다.

3. 남성의 임금평가의 논거로서 체력을 그 이유로 든다면, 체력이 필요한 농업 부문에서의 여성의 존재, 체력을 그다지 필요로 하지 않는 노동으로 생산방법이 점차 발전하는 점, 우리들 문화와는 다른 문화에서 여성이 하는 노동의 유형 등 많은 현실을 이유로 반박당할 가능성이 있다.

노동과 임금의 배분이 비합리적인 예는 수없이 많으며, 더욱더 증가한다. 그런데도 이 비합리는 여전히 행해진다. 이는 사회 질서로 간주되는 것 가운데서 가면을 쓴 폭력의 형태가 사용되고 있기 때문이다.

엄밀한 의미에서 경제 속에서의 이데올로기의 중압 내지 실력행사가 다음과 같은 결정에 즈음하여 개입한다.

1. 남녀 구인求人. 노동조합 조직의 다양한 반응에 대해서는 말할 것도 없고, 각각의 성에서의 해고율과 해고 이유, 실업률은 성에 의해 차이진다. 수익성 내지 이윤의 관점에서 고용주측으로 보아 이와 같은 선택기준을 정당화하는 것은 아무것도 없다. 여성 노동자는 일반적으로 남성 노동자보다도 훨씬 성실하고 유능하다. 여성은 남성만큼 술을 마시지도 않으며, 마약도 하지 않으며, 전체적으로 형사처벌에 해당하는 위반을 저지르는 경우도 적다. 왜 고용주는 이윤에 거슬리면서까지 남성 노동자를 선택하는 것일까.

2. 여성에게 열려진 지위. 여성이라는 사실이 직업 자격을 얻을 때 제동을 건다. 압도적인 대다수 여성은 대부분 자격이 필요 없는 분야의 일에 취업한다. 가장 고도의 자격에 도달하는 여성은 드물며, 어떤 자는 그것을 위해 매우 높은 대가를 지불한다. 즉, 높은 지위를 얻기 위해서는 어떤 형태로든 매춘에 응한다든가 혹은 이런저런 일들을 하는데, 어울리기 위해 여성으로서의 특성을 포기하는 것이다(이런 경우 그녀들은 이미 여성으로서 그 일을 얻고 있는 것이 아니다).

3. 농업 부문·산업 부문·문화 부문 등에서 사회 생산 내지 재생산을 위해 여성이 얼마만큼 많은 이익을 낸다 해도, 여성이 대다수를 차지하는 부문에 대해서는 경시한다.

나아가 노동 배경에 관한 다른 중요한 문제를 첨부한다.

1. 노동법은 지금도 일반적으로 남성에 의해 정해지며, 여성은 그것에 순응한다. 그런데 이들 법률이 생산이라는 지상명령과 연결되어 있는 만큼 문화적 가치의 무의식적인 영향과도 결부되어 있음을 드러내는 일은 가능하다. 그 중에서 노동시간의 예는 하녀나 보모로서 집에 있는 전업주부를 아내로 가진 남성 노동자에게 유리한 편성을 하는 특징을 보인다. 마찬가지로 어린애 돌보기가 제기하는 다양한 문제는 말할 것도 없고 —— 이는 남녀 사이에 일을 분담하는 것으로는 결코 해결되지 않는다 —— 수많은 장소에서 식료품점은 여성이 일하는 시간에 문을 열기 때문에 여성은 장보기를 할 수 없다. 다른 예를 들어보자. 배관공이나 전기 기술자는 모두 같은 시간대에 일하며, 그 노동시간은 주부에 맞추어져 있다. 게다가 몇몇의 생산 부문에서는 야간 노동시간을 정했다. 여성에게는 자기가 원한다면 야간근무를 할 권리가 있으며, 아이 돌보기에 대한 협박이 어머니뿐 아니라 아버지에게도 관련되는 것임은 분명히 올바르다. 그러나 이 야간노동은 인류의 현재 혹은 미래에 정말로 도움이 되는 일일까? 그렇지 않으면 해결해야 하는 사회 문제들, 특히 양성 차이에 관한 문제에 비한다면 야간노동은 결국 매우 부차적인 경제경쟁이라는 문제를 의미하는 것일까?[2]

2. 무엇을 생산하는가에 관한 구상과 결정은 역시 대개는 아직도 남성의 권위에 맡겨진다. 모든 사람이 인간으로서 스스로의 필요성과 인간 존엄의 한 요소로서 노동의 권리를 가질 것을 인정받는다고 한다면, 왜 일부의 인간이 생산의 본질에 관해 타자의 선택을 좇아야만 하는 것일까? 예를 들면, 무기를 생산하고, 공해를 유지 혹은 악화시키고, 무익한 상품을 시장에 넘치게 하는 것이 현실적으로 여성이 결정한 결과의 경우는 좀처럼 없다. 여성은 그보다 평화유지, 환경위생, 생활이나 인도주의적 선택의 필요성에 맞는 재산 수

준 등을 선택한다. 어느 하나의 통화, 혹은 하나의 나라가 다른 통화, 다른 나라에 대해 갖는 지배욕이라는 식의 금융 그룹이나 군사 블록의 선택은 여성에게는 몹시 낯선 목적이다. 마찬가지로 경쟁을 목적으로 한 제품의 증가는 상업적 경쟁력을 의미하나, 그것은 대부분 여성의 관심을 끌지 못한다. 그것은 여성이 우선 광고를 알게 모르게 모방하고, 혹은 광고에 중독되기 때문에 관심을 가질 수 없는 것은 아니나, 여성은 각 개인에 필요한 것을 생산하기를 더 좋아함을 의미한다. 다른 예를 들어보자. 여가선용을 위한 프로그램, 좀더 구체적으로 대중매체의 프로그램은 남성끼리의 문화에 지배당한다. 거기서는 남성의 스포츠가 많은 부분을 차지하고, 텔레비전의 채널은 남녀 모두를 위한 문화적 프로그램을 아무런 주저 없이 축구시합으로 변경한다. 그런데도 여성은 텔레비전 프로를 시청하기 위해 남성과 똑같은 요금을 지불하는 것이다(양성의 세금에서 빼온갖 종류의 경기장 건설에 투자되는 몇십억 프랑이라는 돈에 대해서는 언급하지 않도록 한다). 그런데 그와 같은 텔레비전 프로는 여성용은 아니다. 그와는 반대로 남성들의 환상은 여성에게는 전혀 관심이 없는 전쟁 영화나 폭력 영화나 포르노 영화로 매일 가득 차 있다. 따라서 거기에는 공공사업 차원도 포함하여 지불한 가격과 제공된 제품 사이에 틈이 있다. 엄밀한 의미에서 이러한 경제적 불공평은 평등주의적 환상을 껴안고 있는 정치로 인해 두 배로 커진다. 이것은 오늘날 학교나 매스미디어 등에서 여성들이 인간성을 상실한 담화를 계속하게 됨을 의미한다. 노동조직망으로 들어가기 위해 여성은, 예를 들어 보편적인 것이 문법상의 남성형이고, 남성형 쪽이 더 가치가 있으며, 역사는 여성 위인보다는 훨씬 많은 남성 위인으로 구성되고 있음을 가르치는 것이다. 여성은 자기가 중요하다고 생각하는 계획을 결정하지는 않는다. 왜냐하면 그와 같은 결정을 내릴 수 있는 지위에 있지 않기 때문이다. 그러나 생활비를 벌기 위해 여성은 보편적인 것이 추호도 없는 남성들만의 경제나 문화의 인질이 되거나, 그렇지 않으면 성적 차이를 말살해 버리게 된다. 따라서 여성이 사회적 생산회로에 들어가는 것을 허락받을 때는 여성은 신체적 및 정신적 차원에서 여성 인격(모성에로의 권리, 노동시간을 선택할 권리, 여성 신체와 정체성을 양립할 수 있는 일에 대한 권리)에 경의를 표하지 않는 상황 속에서 일하고 있는 것이다.

3. 노동 현장에서 사용되는 법률은 어떤 때는 분명하게, 또 어떤 때는 은밀하게 고상한 담화의 문체와 내용(군사용어가 큰 위치를 차지한다)에서 남성 주체에 가치를 부여하는 자연 언어를 기본으로 해서 거의 대부분 작성된다. 이 남성 동지의 문화가 일하는 여성에게 미치는 신체적·정신적·상호 주관적 효과는 무보수인 채로 있으며, 생각되어지는 법도 없고, 또 눈에 보이지도 않는다. 그러나 그래도 지불된 대가를 이해하려면, 오로지 남성이 독점하는 문화환경에 따라야 되는 여성의 정체성이 양적으로만이 아니라 질적으로도 어떻게 변화했는가의 평가를 대상으로 조사하기만 하면 된다. 나는 이미 언어사용(다양한 언어에서의)을 대상으로 한 조사를 몇 개인가 실시하고, 이 테마와 연결을 시도했다. 그리고 데이터 수집을 사랑·건강·가족이나 문화와의 관계 등의 다른 영역으로 확산시키면서, 남성과 여성의 협력자 그룹과 함께 이 일을 계속하고 있다.[3] 남성에 의해 관리된 노동회로에 들어가고자 여성에게 요구되는 대가는 그들에게 낯선 언어, 예를 들면 컴퓨터와 같은 모르는 언어에 종속되어야 하는 모든 노동자들이 오늘날 지불해야 하는 대가와 매우 유사한 것을 알 수 있다. 이탈리아에서는 조합을 위해 일하는 지식인이나 임상의들에 의해 이 테마에 대한 진단 그룹이 조직되었다. 새로운 테크놀로지에 대한 이들 심의회는 자기에게는 낯선 코드를 사용한 결과로서 차츰 고립화가 증대하고 있는 것, 지식이

단편적인 성격을 갖는 것, 자신에 의해서라기보다는 컴퓨터(그렇지 않으면 남성 경영자?)의 관리에 의해 〈지식의 훔침〉이 일어남을 분명히 한다. 이는 불안감, 공격적 감정, 나아가 서서히 정체성의 상실을 일으킨다. 때로 동요가 지나치게 강하기 때문에 집단적 사고나 그룹 작업이 어렵다든가 불가능해지고 있다. 행동·사고·상호 내지 내부 주관적인 매커니즘으로 이해되는 고립은, 남성 노동자(혹은 여성 노동자)가 지배할 수 없는 법률에의 복종 앞에서, 그들(혹은 그녀들)에게 필요한 방위 이미지를 드러낸다.[4] 이 모두가 우리들에게가 아니라, 우리들 이웃에만 존재한다고 반론하고 싶어하는 사람에게는 현재 컴퓨터 사용이 여지없이 강요되는 공무원들, 즉 프랑스 국유철도나 체신부 등의 직원과 함께 하루 이틀 지내볼 것을 제안한다. 이들 공직 대표자들은 가장 초보적인 예의와 이익의 배려를 잊고 마는 것이다. (당신 편에서) 유료 서비스를 신청하자마자, 그들(혹은 그녀들도)은 당신에게 설교하고 당신을 모욕한다. 자기들이 이미 지배할 수 없게 된 일에 대해서 거의 완전하게 무능력함을 드러낸다. 이러한 사회적 중개자의 공격성, 즉 이용자와 그들 사이의 연결 역할을 하는 컴퓨터를 사용하고자 그들의 일에서 생긴 변화의 결과로서의 공격성이 높아지는 것을 보고 불안해지는 데에는 몇몇 이유가 있다.

일하는 것은 단지 돈을 버는 것만이 아니다. 노동에는 인간적·개인적·집단적 가치가 있다. 이 가치는 다양한 방법으로 표현된다. 첫번째 노동의 유형과 그 노동이 행해지는 방법, 두번째로 사회적 명칭에 의한 노동의 가치 부여, 세번째로 남성 노동자 혹은 여성 노동자가 획득된 이익에 대해 관여되는 방법, 네번째로 광고나 매스미디어의 중개에 의한 사람과 제품의 사용, 그리고 이 밖에 많이 있다.

가치 부여의 불평등, 즉 남녀 노동의 보수로서의 임금 유형을 분명하게 하기 위해 세 가지 예를 들어보자.

1. 남녀 양성에 있어 자격을 취득하기 쉬운 점, 만족감을 얻을 수 있는 점에서 불평등한 직업 자격의 예. 분명 직업의 가치 부여는 임금 상승이라는 단순한 문제에서 일치하지 않는다. 그것은 우선 직업단계를 나타내는 명함이 바뀌는 것으로 드러난다. 그런데 거기서도 또한 언어사용과 언어 코드의 관습·결함·저항이 여성의 직업자격을 명지名指하는 것을 어렵게 한다. 이 문제는 주체와 객체, 여성 노동자와 임금의 중간 장소를 나타내기 때문에 이미 몇 번이나 다루어 왔다. 또 이 요구는 남성의 노동사회에서 이미 존재하는 요구와 용이하게 일치 혹은 일체화한다. 따라서 이 목표는 설명하기 쉽다. 그러나 그 해결책은 이미 존재하는 언어 코드의 사용(예를 들면, 〈médecine〉은 의사로서 직업생활의 문맥 속에서는 수단(療法)과 학문(의학)을 나타내고, 의사로서의 직업을 나타내는 여성형인 〈doctoresse〉는 그 접미사 탓으로 경멸적이다)과 여성에게 허가 또는 금지되는 직업 차원에 관한 현재의 사회적 저항이 종종 장해로서 가로막고 서 있는 것을 만나게 된다. 이는 많은 사회적 불평등 가운데에서도 언어학적으로 상당히 재미있는 기묘함과 변칙을 가져다 주는 것으로, 그 예를 하나 들어보고 싶다. 1987년 9월 3일 《인디펜던트》 지에서 뽑은 것으로, 어느 프랑스 여성 정치가의 사망기사이다.

니콜 슈라키(49세) 공화국연합의 전사무총장 보좌(ancien secrétaire général adjoint)·유럽 의회 의원(député européen)·파리 부시장(maire adjoint de Paris)이 암으로 인해 파리 자택에서 사망했다. 1938년 3월 18일 알제리 태생. 이 경제학자는 60년부터 66년까지 금융분석가로서 파리 연합은행에서 근무했고, 그후 급진사회당 당원으로 정치생활에 들어갔다. 70년에 공화국연합에 가담하고, 77년까지 집행부 의원이 되고, 다음해 78년에는 사무국 장 보좌가 되었다. 81년부터 84년까지 노동 담당서기(secrétaire national chargé du travail)로 근무하고, 79년에는 유럽 의회 의원 으로 선출되어 84년에 재선되었다. 파리 19지구의 구참사회원 (conseiller de Paris)이며, 작크 시락 시장의 조역(adjoint au maire) 이면서 일 드 프랑스의 지방참사회원(conseiller régional)이었다. 보험업을 하는 클로드 슈라키와 결혼, 두 딸의 어머니.

이 해설에 관해서는 《차이의 시대》(비블리오 에세이, 1989)에 실린 〈어떻게 하여 시민으로서의 여성이 되는가〉를 참조하기 바란다.

2. 대상對象과 재산의 명칭에서의 예. 즉, 여성 주체와 그 직업상의 신 분은 언어 차원에서 지금도 적절하게 표현되지 않는다. 로망스어에 서는 대상 내지 재산 획득에 의해 여성형의 가치가 가지는 균형을 되돌리기는 불가능하다. 실제 양성의 차이는, 예를 들면 영어나 독 일어와 달리 이탈리아어나 프랑스어에서는 소유되는 대상 차원에 서 곧장 나타나지 않는다. 우리들의 언어에서는 소유사(소유형용사 와 소유대명사)는 다음과 같이 문법상 소유자의 성이 아니라 대상의 성을 취한다.

그 또는 그녀는 그 또는 그녀의 자동차(여성형)로 여행한다.
Il ou elle voyage avec sa voiture.

그 또는 그녀는 그 또는 그녀의 아이(남성형)에게 키스한다.
Il ou elle embrasse son enfant.

그 또는 그녀는 그 또는 그녀의 집(여성형)에서 그 또는 그녀의 책(남성형)을 쓴다.

Il ou elle écrit son livre dans sa maison.

그러하기에 앵글로색슨 여성은 〈그녀의〉 남편(남성형)[sa mari], 남성의 경우는 아내(여성형)[son femme]를 가지며, 〈그녀의〉 집(여성형)[sa maison]을 입수하여, 〈그녀의〉 대학 포스트(남성형)[sa poste universitaire]를 얻어, 〈그녀의〉 책(남성형)[sa livre]을 쓴다……는 것에 만족할 수 있는 반면, 주체라고 하는 점에서 보면 퇴적물이 훨씬 많은 언어를 가진 여성들에게는 동일하게 적용되지 않는다. 이는 주체-객체의 관계가 로망스어 쪽이 훨씬 복잡하고, 사물과 말 그 자체가 주체, 즉 주어와 같도록 성별이 있는 소유권을 갖는 것을 표시한다.[5]

오늘날은 말의 문법상의 성은 자의적인 것이며, 성문제와 어떠한 관계도 갖지 않는다는 관점이 주류이다. 그러나 이것은 정확하지 않다. 말의 문법상의 성은 모두 이야기하는 주체의 문법상의 성의 문제와 연결되는 것이다. 말에는 이른바 숨겨진 성이 있으며, 그 성이 남성인가 여성인가에 의해 가치 부여가 불평등하게 행해진다. 이 사실은 언제나 명확히 알 수 없으므로, 그것을 분명하게 하기 위해서는 어휘 및 통사법에 대한 공시적·통시적인 철저한 연구를 행하는 것이 종종 요구된다.

명시된 현실과 성 사이의 동일화가 작용하는 또 하나의 메커니즘으로서,

a) 생물, 인간, 동적이고 교양 있는 존재는 남성형이 된다.

b) 무생물, 인간 이외의 생물, 교양 없고 활기 없는 대상은 여성형이 된다.

이것은 남성만이 사회적 주체이며, 여성은 남성들 사이에서 교환대상이 되는 것을 의미한다. 말에서의 문법상 성이 갖는 지위는 남

성 사이에서 여성의 교환, 부친과 부부계제(혹은 그것에 앞선 아저씨 쪽 거주의 모계제 구조)에 의한 가족지배, 나아가 토지·도구·집·예술·말·신들·하늘 등의 재산을 남성-부친이 점유함으로써 정의되는 부권제 문화와 함께 서서히 나타나기 시작한다. 따라서 족장은 대개 문법상의 여성형으로 표시되는 재산으로서, 여성과 도구를 소유한다. 이것은 여성의 직업 명칭이 종종 문제가 되는 이유 중의 하나이다. 남성형 단어의 여성형은 문법상 남성의 소유물의 성이 되었다(예를 들면, 거두어들이는 사람을 의미하는 〈moissonneur〉는 남성이고, 그 여성형인 〈moissonneuse〉는 거두어들이는 기계를 의미하며, 남성에게 도움이 되는 도구이다. 마찬가지로 의사인 〈médecin〉도 남성이며, 여성형 〈médecine〉은 의학을 뜻한다). 따라서 여성의 직업상의 신분을 부르는 데 이 말을 사용하는 것은 세 배의 어려움이 있다.

   a) 남자는 성적 파트너와 교대하는 도구의 성을 고집한다.

   b) 여자는 인격을 떨어뜨리는 명칭을 바라지 않는다. 그런데도 여성에게 제안되는 것은 사물의 이름〔의학(médecine)〕이나 사람의 호칭인데〔예를 들어, 여의사(doctoresse)와 같은〕, 경멸적인 접미사를 수반한다.

   c) 여성으로 대체하는 기계와 함께 어떻게 여성을 일하게 할 수 있겠는가?

이들 문제는 언어 차원과 사회적·경제적인 지위 차원에서 복잡한 요소를 갖는다. 거기서 여성이 갖는 인간으로서의 정체성에 관해 근본적인 불평등을 보이는 오늘날의 문화에서, 여성은 또 여성이라는 이유로 불이익을 당하는 것이다.

3. 매스미디어를 포함한, 〈팔기 위한〉 제품에 관해 광고에서의 습관의 예. 여성이 남성이나 가족 혹은 부족 사이에서 교환 대상이 되었던 것과 마찬가지로 상업 경쟁은 일하는 여성을 포함하여 여성이 갖

는 인간으로서의 존엄을 배려하지 않고, 독선적으로 여성의 신체와 말을 사용한다. 따라서 아마 여성 자신이 만든 제품의 상품화에서 여성이 이용된다는 의미에서 여성은 가치를 폄하당하고, 착취당한다.[6] 거기다 광고에 사용됨으로써 광고에 등장하는 여성들은 간접적으로 다른 여성들을 경멸하는 것으로 그려진다.

말의 대가, 담화 및 담화들의 경제적 의미는 현대의 중요한 문제 가운데 하나를 나타내 준다. 이유는 여러 가지이지만 그 가운데 다섯 가지를 들어보자.

1. 생산적 노동회로에의 여성의 참가.

2. 경제적 공평이라는 의미에서의 의식의 자각.

3. 모든 것을 숫자로 평가하는 지금의 경향.

4. 우선 이익을 내고 싶다는 기분에서 〈더 빨리〉 나아갈 것을 요구하는 인공적인 언어로의 이행.

5. 사람과 사람 사이에서의 교환수단, 특히 상호 교환수단의 막대한 손실과 함께, 자연적 언어와 인위적 코드화가 소비할 수 있는 대상과 상업적 교환의 지배에 종속되는 것.

인간관계는 여성 노동의 주요한 목적의 하나이며, 여성 노동에는 아이 기르기·가사·교육·병자 돌보기·복지·스튜어디스·비서 등이 있다. 불가사의하게도 이러한 일은 매우 인간미 있는 것이면서 아직도 무보수이든가 저임금 상태에 있다. 사람들의 상호관계 —— 오늘날 실제로 여성은 객관적인 옹호자이다——는 값이 없는 것으로 무보수인 채로 있어야 하는 것으로서 나타나야만 하는가? 가치가 없기 때문인가, 혹은 가치가 너무 높기 때문인 것인가? 오늘날의 문화는 애석하게도 여성의 일을 이렇게 사회적으로 폄하함으로써 이 물음에 답한다. 예를 들면, 여자 교사·간호사·사회복지 종사자 혹은 가사노동자는 임금 상승(여성의 방식은 대개 이렇다)과 동시에 자기들 인격의 존중과 노동에 경의를 표할 것을 요구한다.

그와 같은 노동이 왜 이리도 가치가 절하되는 것일까? 그것이 여성 노동이기 때문인가? 또는 그것이 사물의 생산이나 상거래가 아니라 인간관계에 관여되기 때문인가? 이 두 가지 문제가 동시에 일어나는 것을 이해하지만, 이 두 가지는 인간 문화의 현재와 미래에 대해 중요한 문제를 제기한다. 사람들의 커뮤니케이션 수단으로서의 말의 대가를 우리들은 계속 잊고 있는 것인가? 우리들은 그 노예가 되고 마는 제조된 물품을 위해, 혹은 그것이 봉사하게 되는 오로지 화폐의 교환을 위해, 우리들은 스스로의 인간성을 상실해 가고 있는 것인가? 그러한 목적이라는 명목에서, 수많은 상황 속에서 선택의 자유를 잃게 될 정도로 우리들은 이미 기계의 노예가 되고 있는 것인가? 그러면 오늘날 말이 갖는 의미란 무엇인가? 이미 이야기한 것도, 대화를 나누지 않게 되어도, 그래도 우리들은 아직 인간인 것일까? 아직 살아 있는 자인가? 이 문제는 우리들의 성별 있는 정체성에 관해 자연에서 문화로의 이행에 대한 배려가 결여되어 있다는 것, 여성의 인격과 여성의 노동에 보다 강하게 연결된 상호 주관적인 관계에 부여되는 대가가 거의 조금밖에 없는 것이라는 두 가지 문제와 일치하는 듯하다.

1989년 5월

1) 이탈리아 공산당 본부(P.C.I.)의 여성 관련자료인 《어느 여교사의 편지 *Lettera di una professoressa*》 참조.
2) 이 문제에 대해서는 P.C.I.의 여성 노동 관련자료 참조.
3) 《언어에 나타난 성과 문법상의 성》과 《언어와 담화의 성적 질서》 참조.
4) 볼로냐 대학의 노동 관련자료 참조.
5) 제8장 〈성과 언어의 성〉과, 《언어에 나타난 성과 문법상의 성》 중에서 〈결론〉 참조.
6) 몇몇 여성의 항의 편지에 대해 공공장소에서의 광고용 벽보를 책임지는 단체에서 보여 준 반응은 그 자체의 또 다른 연구를 해 볼 만한 가치가 있다.

맺음말

그러면 언제 우리들은 여자가 되는가?

　특히 인공수정 방법이 발단이 되어 일부의 저돌적인 활동가를 포함한 여성측에서 다시 모성이 화제가 되고 있다. 새로운 테크놀로지는 옛날의 족장이 그러했듯이 여성의 정체성을 눌러 이길 것인가? 어느 의미에서는 상황이 오히려 악화되고 있다. 분명 부권제 권력은 전쟁이나 투쟁, 누구의 눈에도 분명한 살인 없이는 확립되지 않았다. 이를 알려면 역사 또는 선사시대 —— 역사 바로 전 —— 를 살펴보는 것만으로도 충분하다.[1]

　여성이 신(들), 즉 여자(들)로부터도, 여성으로서의 여신(들)으로부터도, 또 아가씨들의 신성한 어머니, 정신적 족보로부터도 고립된 오늘, 여성의 정체성을 더욱 잃게 될 위험을 무릅쓰고라도, 여성은 몇 가지인가 자립을 확립하기 위해 어떠한 것도 사양하지 않는다. 예를 들면, 남자 없이 아이를 만드는 것은 일부 여성에게 최고의 자유를 의미할지도 모른다. 그러나 이것은 여전히 자기와의 관계가 아니라, 다른 성과의 관계에서 언제나 자기를 정의하게 된다. 타자 없이 자기를 생각함으로써 자신만을 생각하거나, 자신과 나-그녀와 여성으로서의 우리들을 생각하거나, 우리들-그녀들과 함께 생각하거나 하지 않는 것이다.

　거기에다 남자 없이 생긴 아이도 언제나 한 사람의 아이인 것에는 변함이 없다. 거기서 여자는 변함없이 모친인 자신을 발견한다. 그런데 여성의 자유가 생식에서 남자의 힘을 빌리지 않는 능력에 의해서 정의된다고 한다면, 이 자유는 매우 불안정한 것이다. 왜냐하면 이 인공수정에 남자가 참가하지 않는 것은 아니기 때문이다. 적어도 삼중으로 남자는 참가한다.

1. 첫번째로 아이를 성적 파트너 없이 수태한다고는 하나, 역시 남자의 정자에 의존한다. 그런데 정자 제공자로부터 분리된 익명의 정자에 의한 이 수태보다도 더 위험한 자연주의가 과연 존재하는가? 여성과 여성의 주체 및 자연과의 관련에 강하게 반발하며 자라난 일부 페미니스트들은, 어떠한 상냥함도 빼앗긴 자연과 여성 욕망의 단절이라는, 많은 남자들에 의해 만들어진 생물학의 설계도에 다시 휘말려 들어갈 것이다.

2. 두번째로 남성은 생식 테크놀로지의 장에서 완전히 참가하지 않는 것이 아니다. 그들도 또한 금전의 관점에서 매우 깊은 관심을 갖는다. 매춘은 여성의 성을 기반으로 돈을 버는 것이며, 인공수정은 모친의 자궁을 빌려 돈을 버는 것이다.

3. 세번째로 부권제의 세계는 여성을 모성만으로 왜소화한 세계이다. 시몬 드 보부아르의 표현에 의하면, 여성이 항상 조금씩 〈병이 든〉 자궁에 관여하고 있는 한 —— 여성의 자궁이 어찌하여 〈태생적인〉 병인가, 그녀에게 물어보았으면 좋았지만 —— 여성은 그것(만)에 관여하고 있다…… 사회 조직·정치·종교·상징 교환의 관리 등, 요컨대 정신적으로 중대한 문제는 지금 또한 남자의 수중에 들어가 있다.

어느 여성의 수태 능력 혹은 수태를 결정하기 위해 시험관을 들여다보는 오늘날의 학자는 여성의 가능성과 태아의 혼이 존재하는 순간에 대해 사색하는 신학자와 닮아 있다. 접근방법이 닮아 있기에 아마도 더욱 위험할 것이다. 또 필요하다고 한다면 〈남성〉 학자가 〈여성〉 학자로 바뀔 수도 있다. 그러나 그것만으로는 여성의 정체성을 정의하는 데 불충분하다. 경우에 따라서는 여성을 불임으로 만들고, 자궁을 아프게 한다. 정체성의 상실을 회복하기 위해 여성 자신이 해야 하는 일에 비한다면, 부권제 테크놀로지의 이들 다양성은 이야깃거리조차 되지 않는 듯하다. 다양성은 그것이 오늘날 및 장래 세계에서의 아이들의 미래에 대해 아무런 책임을 갖지 않으므로, 아이들에 대한 주의가 결여되어 있다는 의미에서 거의 윤리적이지 못하다. 낳을 수 없었던 몇 명인가의 여성이 낳을 수 있게 된다는 것인가? 과연 그러하다. 그러나 오늘날 도대체 몇 명의 어린아이가 자연적 또는 정신적인 굶주림으로 죽어가고 있는 것일까? 그러면 어머니가 될 수 있는가 없는가에 얽힌 이 비애는 어쩐 일인가? 그것은 여성이 모성 이외의 지평을 갖지 않기 때문이다. 부권제에 의해 정의된 바의 여성 본질로부터 자신들이 해방된다고 착각하는 일부 여성들은, 인공수정이라는 이름이 스스로 지닌 운명적 변화에 몸과 〈마음〉으로 또다시 따라가는 위험에 빠지게 될 것이다.

인공적으로 수태한 어머니, 대리모, 장래 예측되는 남자의 임신(腸에서의 임신?), 그리고 그 다음은? 우리들은 서로를 알고, 사랑하고, 그리고 신체적 차이에 따라 창조된다. 그로 인해 족장에 의한 우리들의 유일한 성적 〈운명〉이라고 하는 아이를 낳는다는 이 의무로부터 빠져나오는 것을 그것들은 가능하게 해 줄까. 많은 젊은 여성들이나 아가씨들은 오로지 모성에 복종하지 않고, 그렇다고 남성의 정체성으로 환원되는 법도 없이 여자가 되는 가능성에 대한 메시지를 자신들의 문화적 선배인 여성들에게 기대한다. 그런데도 일부 활동가가 이와 같은 투쟁에 관여하는 것은 놀라운 일이다. 이는 해방의 목적이 여성에게는 주체적 기회도 주지 않은 채 하나의 문화와 연결되고 있었다는 것, 또 고유한 정체성이 없기 때문에 미래의 환상을 위해 에너지 자원을 필요로 하는 테크놀로지 시대 속에서, 많은 사람들이 사소한 장소를 은밀하게 서로 찾고 있는 것을 의미한다고 생각한다. 애석하게도 이것은 되풀이되고, 지겹고도 조금은 낙담된다. 설령 이 주의의 방향 전환이 표면적으로는 많은 사람들을 만족시킨다 할지라도……

1) 이 점에 관해서는 제2장 〈종교적 신화와 세속적 신화〉를 참조.

역자 후기

　뤼스 이리가라이(Luce Irigaray)는 한국에는 아직 생소하지만 유럽과 미국에서는 이미 널리 알려진 정신분석학자이자 페미니스트이다. 1934년 벨기에에서 태어난 이리가라이는 루뱅 대학에서 철학과 문학을 공부한 뒤, 파리 대학으로 옮겨 언어심리학을 연구했고, 학위논문 《치매증 환자의 언어 *La langage des dements*》가 출간되면서 주목받기 시작했다. 이 언어병리학의 경험 연구를 통해 그녀는 남성의 담론과 여성의 담론 사이에는 많은 차이가 있음을 발견했다. 언어를 사용하는 과정에서 남성과는 대조적으로 왜 여성들은 주체적 위치를 점유하지 못하고 스스로를 소멸시켜 버리는지 실제 사례를 통해 입증해 주고 있다. 성의 차별에 의해 채색된 담론과 문화를 철학적으로 규명하려는 보다 진전된 연구의 결실이 그 다음 저서인 《스페쿨룸*Speculum*》이라 하겠다. 그 밖에 《하나가 아닌 성 *Ce sexe qui n'en est pas un*》은 《스페쿨룸》 간행 후에 저자에게 야기된 문제들을 재편성한 것이다. 이리가라이의 이들 대표 저서들은 그러나 고도의 전문성과 예언적인 문체 때문에 이해하기가 그리 용이하지 않다.

　여기 번역한 《*Je, tu, nous—pour une culture de la différence*》(Éditions Grasset & Fasquelle, 1990)는 이리가라이의 비교적 최근 글로서, 이전 텍스트보다 쉽고 구체적이어서 그녀의 사상을 접하기에 좋은 도구라 생각된다. 책의 첫머리에서 언급하고 있듯이, 실존철학에 뿌리를 둔 시몬 드 보부아르와는 달리 이리가라이는 정신분석학을 토대로 자신의 페미니즘 이론을 발전시킨다. 그녀가 쓰는 주요 용어들은 대부분 라캉이나 데리다에게서 끌어온 것이라 볼 수 있다. 그러나 정신분석 이론을 남성 중심의 가부장제 사회를 해체시키는 데 이용하고 있는 점에서 이리가라이의 특수성을 찾아볼 수 있다. 무의식의 형성과정과 성 차이를 획득해 가는 과정에서 언어의 역할을 특히 강조한 라캉의 이론은 언어 안에서의 성(genres)을 정의하려는 이리가라이의 시도를 가능하게 해 준 것이 사실이다. 그러나 그녀는 라캉의 남성 중심적 사고를 뒤집어 보여 줌으로써 그 한계를 지적한다. 라캉의 거울은 여성의 몸을 일종의 결핍으로 볼 수 있을 뿐이다.

한편 프로이트 이론은 어머니에게 빚지고 있는 부분을 인정하지 않는 가부장제 사회 질서를 반영한 것이라고 이리가라이는 비판한다. 특히 소년의 발달을 기준으로 소녀에게도 같은 발달 기준이 적용되어야 한다고 보는 점, 모녀관계는 도외시한 채 부자간의 일치에만 초점이 맞추어져 있는 모순들을 날카롭게 지적하며, 어머니와 딸의 관계, 즉 여성 족보의 복권을 주요 쟁점으로 부각시킨다. 성모 마리아가 아기 예수를 안고 있는 성상에서도 볼 수 있듯이 아들로 이어지는 남성 중심의 틀, 종교 및 신화를 위시한 문화 전반에 깊이 뿌리내린 이 틀에서 벗어나기 위해서는, 딸과의 유대를 강화하고 여성 나름의 문화를 구축해 나가야 한다고 역설한다. 남성과 똑같아지려는 평등을 추구하는 기존의 페미니즘은 아편과 다름이 없고 결국 종족 말살의 위기까지 초래할 수 있다고 비판하며, 여성과 남성의 각각 다른 차이를 인정한 위에 여성 문화를 확립해야 한다고 주장한다. 〈나〉와는 다른 차이가 인정되는 〈너〉가 존재할 때 비로소 〈우리〉도 존재하게 된다.

성의 차이를 전제로 한 여성 문화의 구축은 광범위한 영역에서 가부장제 사고방식의 변화를 촉구한다. 법률면에서도 남성의 기준으로 이루어진 법으로 여성을 지킬 것이 아니라, 여성은 여성으로서의 성별 있는 정체성을 확립한 존재로서 법을 새로이 정비해야 한다고 본다. 페미니즘 분야에서 오랜 쟁점이 되고 있는 출산에 대해서도 새로운 시각을 제시하고 있다. 생물학자 헬렌 로쉬(Hélène Rouch)와의 대담을 통해, 어머니와 태아의 관계가 각기 자립된 질서를 유지하면서 평화롭게 공존하는 관계이지, 융합된 의존관계가 아니라는 점을 보여 준다. 모성과 출산이 여성을 억압한다는 기존의 페미니즘에 새 시각을 제공해 준다고 하겠다. 이리가라이는 출산 문제와 관련하여 생명을 무엇보다 중시하며 자연보호를 우선으로 확보해야 한다는 환경보호론의 시점에서 여성 해방을 생각한다. 그러므로 이 책은 페미니즘뿐 아니라 언어학·정신분석학·법학·생태학 등 다양한 분야에 흥미로운 관점을 열어 주리라 믿는다.

생활의 편리나 물질적 풍요면에서는 눈부신 성장을 한 오늘의 한국, 그러나 뿌리 깊은 가부장제 이데올로기로 여성과 남성 모두가 불합리한 짐에 허덕이는 이 땅의 우리들이 함께 생각해 보아야 할 문제들을 폭넓게 제시해 주고 있다.

1996년 1월 역자

저자 소개

【약 력】

1934년 벨기에 출생. 국적은 프랑스.

1954년 벨기에 루뱅 대학에서 폴 발레리에 대한 논문 발표. 철학·문학 학사 취득.

1956년 루뱅 대학에서 중등교육 교원 적성시험 합격. 이후 고등학교 교사로 근무.

1960~62년 파리 대학에서 심리학 전공. 심리학 학사 취득.

1964년 이후 프랑스의 유명한 연구재단인 국립과학연구센터(CNRS)의 연구원으로 근무(62년 연구생, 68년 연구원, 82년 지도연구원, 85년 주임연구원).

1968년 파리 제10대학(낭테르)에서 언어학 제3기 과정 박사학위 취득. 박사논문 《치매증 환자의 언어》(무통 출판사 간행, 73년).

1969~74년 파리 제8대학 자크 라캉의 프로이트학파에 소속되어 가르침. 이후 프랑스·이탈리아·캐나다·벨기에·미국·네덜란드·덴마크 등에서 많은 강연 및 대학 세미나 연구 발표.

1974년 파리 제8대학에서 문학으로 국가박사학위 취득. 학위논문 《검시경, 다른 여자에 관하여》(미뉘 출판사 간행, 74년). 이 책은 정신분석학과 철학에 대한 여성학적 비판을 발전시킨 것으로, 정신분석에 대한 격렬한 논쟁을 불러일으켰다. 그 결과 이리가라이는 대학과 프로이트학파에서 축출되었다. 이후 많은 나라에 방문교수로 강연하고 있으며, 여성학·철학·정신분석학·언어학에 대한 연구와 집필활동을 계속하고 있다.

1982년 로테르담에서 국제철학 강좌.

1985년 볼로냐 대학 임시교수.

1985~87년 프랑스 사회과학고등연구소(EHESS) 조교수.

【저 서】

1973년 《치매증 환자의 언어》(무통 출판사)

1974년 《검시경, 다른 여자에 관하여》(미뉘 출판사)

1977년 《하나가 아닌 性》(미뉘 출판사)

1979년 《그리고 하나는 다른 하나가 없이는 움직이지 않는다》(미뉘 출
　　　　판사)

1980년 《바다의 연인, 프리드리히 니체에 대하여》(미뉘 출판사)

1981년 《어머니의 몸에 부딪히며》(만웰 출판사)

1982년 《기본적 정념》(미뉘 출판사)

1983년 《공기의 망각》(미뉘 출판사)

　　　　《신념 그 자체》(갈릴레 출판사)

1984년 《성적 차이의 윤리》(미뉘 출판사)

1985년 《말하는 것은 결코 중성이 아니다》(미뉘 출판사)

1987년 《性과 친족관계》(미뉘 출판사)

　　　　《언어학적 性》(공동집필, 《언어》誌에 수록, 라루스 출판사)

1989년 《차이의 시대》(아쉐트 출판사)

1990년 《언어에 나타난 성과 문법상의 성》(그라쎄 출판사)

【활동 영역】

그녀의 작업은 몇 가지 분야를 통괄한다.

1. 언어학의 영역에서는 대체로 실험성이 강한 연구를 하고 있다.

　실제 환자들과 많은 대담을 통해 여성은 신경질적인 담화, 남성은 강박
관념적인 담화를 하는 경향이 있다는 사실에 주목하여, 언어 구문의 구조

상에서의 성 차이를 밝히기 위한 테스트를 한다. (《치매증 환자의 언어》·
《말하는 것은 결코 중성이 아니다》·《언어학적 性》·《언어에 나타난 성과 문법
상의 성》 등이 여기에 관련된 저서들이다.)

2. 정신분석 이론에서는, 언어와 문화가 상징계의 오이디푸스 비유를 통
해 어떻게 남녀를 다르게 위치지우는지를 분석한다.

해체적 접근을 통해 정신분석의 범주 안에서 정신분석을 비판한다. 즉,
정신분석의 틀을 통해 정신분석이 안고 있는 맹점을 발견한다는 것이다.
소녀의 성장을 소년의 대칭으로 간주하는 헛점, 남성의 성기가 초월적인
기의(signified)로 고정되어 버린 정신분석의 담론 체계를 신랄하게 비판
한다. (《검시경, 다른 여자에 관하여》 등이 이에 관련된 저서들이다.)

3. 철학의 영역에서, 이리가라이는 철학적 담론이 형성되는 시기에 친부
살해가 아니라 친모살해가 있었다고 주장하며, 플라톤의 〈동굴〉에 대한
비유도 여성의 자궁으로 재해석한다. 여기에서 그녀는 데리다·라캉·푸
코에게 영향을 받는 동시에 문제점을 비판한다.

4. 1980년대부터 그녀의 연구는 심리언어학적 접근방법으로 다시 돌아
오는 경향을 보인다. 즉, 주체로서 자신을 언어로 표현하는 것이 여성에
게 얼마나 어렵고 필요한지를 파악하려는 노력이다.

5. 페미니스트 이론가로서 이리가라이의 영향력은 독일·이탈리아 등에
서 특히 지대하다. 여성을 위한 상징적 질서를 형성하려는 그녀의 노력은
많은 여성학자와 여성작가 들의 호응을 얻고 있으며, 캐나다에서도 〈여성
적 글쓰기(écriture an féminin)〉에 참여하는 작가·이론가 들이 늘고 있다.

한편 프랑스에서는 식쑤·크리스테바와 더불어 급진적인 새세대 여성
학자로 분류된다. 남성과는 다른 차이의 문화를 주장하며, 여성을 억압하
는 사회적·경제적 구조, 제도 및 법률, 억압의 역사를 분석하는 데 앞장
서고 있으며, 여성의 언어에 초점을 맞추어 남성 중심의 기존 질서를 공
격하고 있다.

색 인

박정오
이화여대 영문과 졸업
이화여대 대학원 졸업
파리7대학 영문학 박사
현재 명지대학 교양교수
역서: 《근원적 열정》《고독하지 않은 홀로되기》

문예신서
103

나, 너, 우리

초판발행 : 1996년 5월 15일
3쇄 발행 : 2002년 9월 20일

지은이 : 뤼스 이라가라이
옮긴이 : 박정오
펴낸이 : 辛成大
펴낸곳 : 東文選

제10-64호, 78. 12. 16 등록
110-300 서울 종로구 관훈동 74번지
전화 : 737-2795

ISBN 89-8038-403-3 94180
ISBN 89-8038-000-3 (문예신서)

【東文選 現代新書】

【東文選 文藝新書】

東文選 文藝新書 73

시간, 욕망 그리고 공포

알랭 코르뱅 / 변기찬 옮김

　최근 역사학계에서는 '새로운 문화사,' 즉 문화를 통해 역사를 보는 일이 중요한 과제로 제기되고 있다. 문화는 특정한 사회나 시대의 제반 현상들과 상호 분리되어 독립적으로 존재할 수 없다. 더욱이 특정한 계급이나 집단에게만 온전히 귀속된 문화란 있을 수 없다. 문화란 하나의 계급에서 다른 계급으로, 하나의 집단에서 다른 집단으로 파급되는 것이 아니라 상호 공유하는 것이기 때문이다. 그러므로 문화를 통하여 역사를 본다는 의미는 "문화를 단순히 서술해야 할 대상으로 하나의 고립된 객체로 보는 것이 아니라, 그것을 통하여 사회의 거의 모든 단면을 여과시켜 부분을 잃지 않으면서도 전체를 바라볼 수 있는 총괄적인 상을 얻으려는" 것이다.

　알랭 코르뱅의 이 책 역시 이러한 '새로운 문화사' 적인 연구 결과의 한 부분을 차지하고 있다. 그의 다른 저서들에서와 마찬가지로 이 책에서 나타나는 주요한 특징은, 19세기 프랑스 사회에 많은 충격을 주었던 사건들이었으나 이후 신속하고 쉽게 잊혀진 사건들, 그렇기 때문에 역사가들의 관심을 끌지 못했던 사건들에 대한 기록을 찾아내어 그것들을 해석하고 새롭게 의미를 부여하는 데 있다. 그는 또한 욕망·폭력 혹은 공포 등을 통해 나타나는 집단심리를 서술하고자 시도한다. 이 집단심리는 특정 계급의 문화를 통해 표출되는 동시에 다른 계급의 문화와도 관계를 맺고 있다.

　이 책에서 알랭 코르뱅은 역사가의 관점으로 생물학적인 문제와 함께 성교(性交)로부터 비롯되는 위험을 어떻게 예방할 것인가를 다루고 있다. 그는 부수적으로 이주 노동자들에 대해 보여 주었던 후각적인 혐오감을 강조한다. 그는 생태학적인 관심이 역사 속에서 어떻게 반영되었는지를 개괄적으로 드러내 보여 주는 동시에, 산업의 발전으로 인한 공해 문제를 사람들이 어떻게 인식하고 있었는가를 분석한다.

東文選 文藝新書 112

과학과 젠더
— 성별과 과학에 대한 제 반성

이블린 폭스 켈러

민경숙 · 이현주 옮김

　자연과학에 대한 페미니즘 시각에서 해결해야 할 가장 시급한 문제는, 객관성 · 이성 · 정신을 남성적인 것으로, 그리고 주관성 · 감정 · 자연을 여성적인 것으로 보는, 깊이 뿌리박힌 대중적 신화를 깨는 일이다. 감정적인 일과 지성적인 일을 분류할 때, 여성은 개인일을 분류할 때, 여성은 개인적인 것, 감정적인 것, 특별한 것을 책임지고 수호하는 사람이었고, 반면에 과학은 비개인적인 것, 이성적인 것, 보편적인 것을 담당하는 탁월한 영역으로 남성들이 독점하였다.

　만약 〈여자가 태어난 것이 아니라 만들어진 것이라면〉, 남자도 마찬가지일 것이다. 이 선봉자적인 책은 남자와 여자가 사회적으로 구성된다는 사실을 다루며, 과학이 형성되는 과정에서 성별이 하는 역할을 다룬다. 이블린 폭스 켈러는 객관성 · 이성 · 인간 정신을 남성성으로 주관성 · 감정 · 자연을 여성성으로 할당하는 깊이 뿌리박힌 신화를 조사한다. 지적 노동과 감정적 노동이 이처럼 성에 따라 구분되고 있음을 고찰해 볼 때, 몰개성성과 합리성의 가장 뛰어난 활동무대인 과학은 불가피하게 남성적인 분야로 남게된다.

　켈러는 성별에 대한 전형적인 사고를 뛰어넘을 과학의 가능성을 탐구하므로, 오늘날 우위를 차지하고 있는, 자연과의 공격적이고 통제적인 경쟁보다는, 존경과 감정이입 그리고 사랑에 근거를 둔 조사에 의존한다. 켈러 자신이 이 변화에 헌신하고 있으며, 그럼 변화가 요구하는 주관성과 객관성, 정신과 자연, 남성성과 여성성의 범주들까지도 변형시키기 위해 헌신하고 있다.

東文選 現代新書 116

공포의 권력

줄리아 크리스테바

서민원 옮김

　이 책은 크리스테바가 셀린의 전기적·정치문학적인 경험을 대상으로 한 텍스트를 구상하면서 쓴 책이다. 셀린을 연구하면서, 크리스테바는 셀린이 개인적으로는 질병과 육체의 붕괴나 윤리·도덕의 피폐, 사회적으로는 가족과 집단 공동체의 붕괴 및 제1·2차 세계대전 등이 그에게 편집증적으로 집중되는 주제인 것에 관심을 가지고, 그 지긋지긋한 상태에 대한 접근 방법으로 아브젝시옹을 선택한다.

　이 책의 제Ⅰ장은 아브젝시옹에 대한 현상학적 접근 방법으로 이루어져 있다. 제Ⅱ장은 크리스테바가 직접 몸담고 있는 정신분석학적인 접근 방법으로서, 공포증과 경계례의 구조에 의거하여 아브젝시옹의 개념을 명확히 하려는 시도로 이루어져 있다. 제Ⅲ장은 오래 전부터 인간의 의식(儀式)들 속에서 행해지는 정화 행위의 본질이란, 아브젝시옹을 통한 의식이라는 사실에 초점이 맞추어져 있다. 제Ⅳ장과 제Ⅴ장 역시 동서고금을 통해 모든 종교가 억압하려는 아브젝시옹이야말로 종교의 다른 한 면이자 종교 자체를 존재케 하는 힘이라는 사실을 강조한다. 제Ⅵ장에서부터는 셀린의 정치 팜플렛을 중심으로 한 정치·전기·문학상의 경험을 형상화한다.

　이 책은 지식의 전달만을 그 목적으로 하지 않는다. 셀린이라는 한 작가의 문학적 경험을 통해, 그다지 중요해 보이지 않는 아브젝시옹이라는 주제에 크리스테바가 그토록 심혈을 기울인 뒤안에는 나름의 이유가 있다. 그 비참과 욕지기나는 더러움이 불러일으키는 통쾌함, 정화 작용의 의미를 되새기면서 현대를 살아가는 우리가 발견해야 할 것들을 가르쳐 주는 것이다.